fragmentos

Nota editorial: Nem todos os textos de Marilyn Monroe demonstram o mesmo domínio da língua. A edição cronológica faz surgir, nos primeiros escritos, traços de uma educação incompleta. Mas o gosto por se educar e pela leitura liberou sua expressão e lhe deu o sentido da nuance. Em respeito a essa atitude, não reproduzimos os erros de ortografia. Tentamos, por outro lado, preservar o caráter pouco equilibrado de certos textos.
Muitas vezes, Marilyn Monroe escreve quando não está bem. Tal estado torna sua escrita difícil de ler, sua expressão às vezes indecisa e seus arrependimentos, numerosos. Há casos em que precisamos escolher uma entre várias interpretações; as palavras rasuradas não foram traduzidas a não ser quando interferiram na compreensão do texto.

FRAGMENTS & FRAGRANCES

O texto deste livro foi fixado conforme o acordo ortográfico vigente no Brasil desde 1º de janeiro de 2009.

MARILYN MONROE
fragmentos
Poemas, anotações íntimas, cartas

ORGANIZADO POR
STANLEY BUCHTHAL
E
BERNARD COMMENT

TRADUÇÃO DE
RENATO REZENDE (INGLÊS),
ALINE TENÓRIO CORDEIRO (INGLÊS) E
MARCELO REDE (FRANCÊS)

PREFÁCIO DE
ANTONIO TABUCCHI

TORDSILHAS

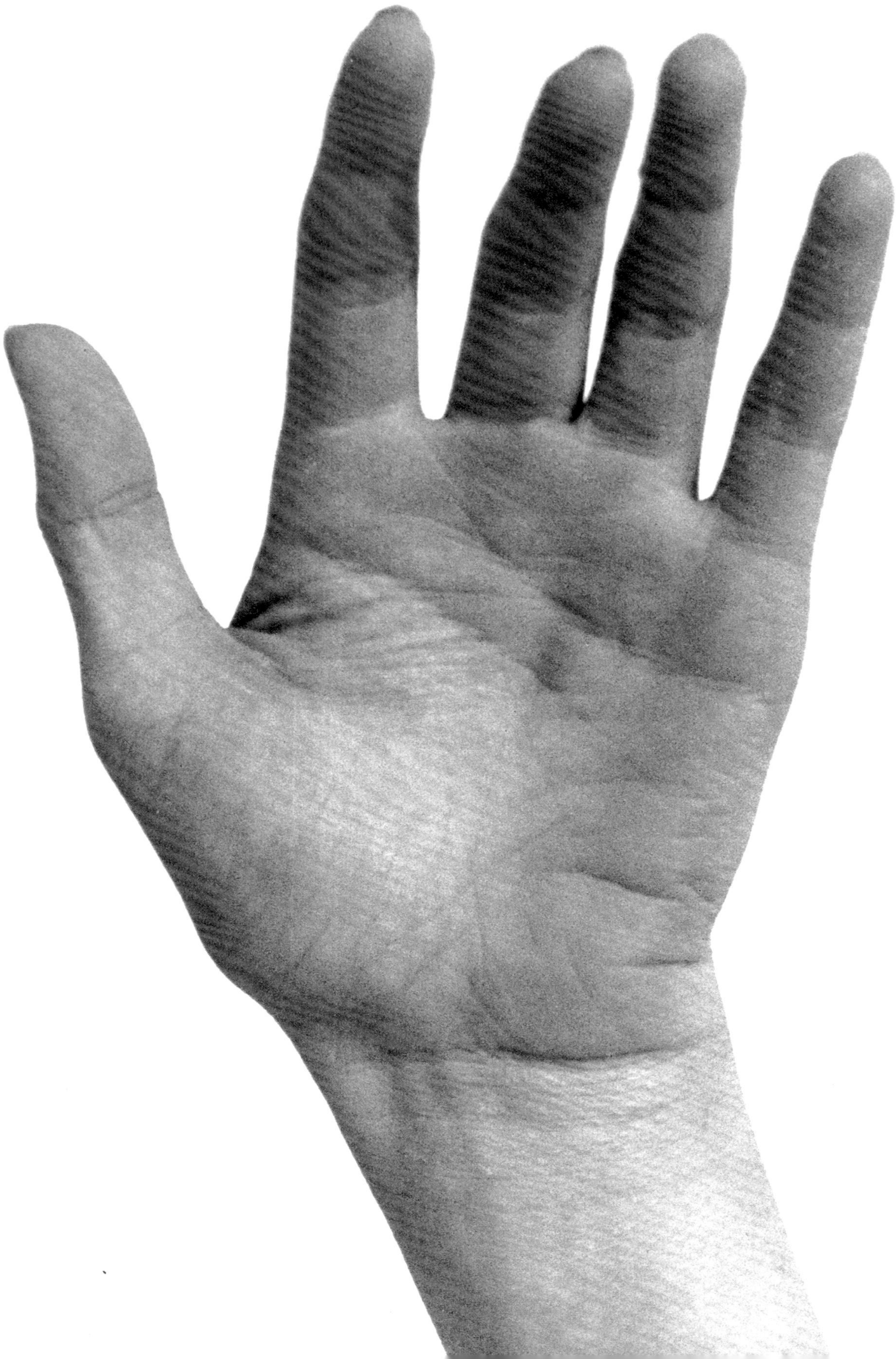

NOTA DOS ORGANIZADORES

Norma Jeane Mortenson nasceu sob o signo de gêmeos. Ela mesma se descreve como dupla, "Jekyll and Hyde, two in one". Aliás, as iniciais de seu nome de artista (que, conta-se, lhe teriam sido inspiradas pelas linhas de suas mãos, nas quais aparece claramente um "M" em cada uma) confirmam essa duplicidade, assim como o pseudônimo que ela escolheu para fugir de Hollywood incógnita no inverno de 1954, registrando-se no aeroporto com o nome Zelda Zonk.

É evidente, entretanto, que, durante sua vida, os meios de comunicação inventaram, sob a pressão dos estúdios, a imagem de uma mulher alegre, radiante, à custa de mostrá-la como uma loira um tanto boba. Pense-se em seus papéis em *Os homens preferem as loiras*, *Adorável pecadora*, *O pecado mora ao lado*. Diante desse imaginário artificial, qualquer desafinar era inadmissível. Não havia lugar para uma Marilyn melancólica. O ícone não devia permitir nenhuma contradição.

No entanto, como toda medalha, o ícone tem duas faces. A primeira, solar e luminescente, da *pin-up* ou da loira exuberante. A outra, lunar, da jovem perfeccionista ao extremo, em busca do absoluto, a quem a vida (profissão, amizades, amores) não poderia deixar de decepcionar. "I think I have a gay side in me, and also a sad side" ["Eu acho que tenho um lado alegre e também um lado triste"], confessa ela em uma entrevista. Seu amigo Marlon Brando expressa bem o sentimento de estupefação que se segue ao anúncio de sua morte: "Todo mundo parou de trabalhar, e se podia ver a mesma expressão no rosto das pessoas, o mesmo pensamento: 'Como uma garota que tem o sucesso, a glória, a juventude, o dinheiro, a beleza... como ela pode se matar?'. Ninguém conseguia entender isso, pois são as coisas que todo mundo quer, e as pessoas não podem acreditar que a vida não era importante para Marilyn Monroe, ou que sua vida devia estar em outro lugar".

Existem milhares de fotografias do ícone. Sua imagem foi usada das maneiras mais diversas. Mas, aqui, é um novo mundo que se abre, do qual se depreendem uma incrível sinceridade e uma lucidez flamejante. Uma Marilyn desconhecida, jamais vista.

Por testamento, seus bens pessoais foram destinados, quando de sua morte, em 1962, a Lee Strasberg. Quanto este morreu, em 1982, foi Anna Strasberg, sua jovem esposa,

Mão de Marilyn, 1946

quem assumiu a herança. Muitos anos depois, quando fazia a arrumação, ela encontrou duas caixas repletas de papéis de Marilyn. Não sabendo que destino lhes dar, ela pede conselho a Stanley Buchthal, um amigo da família desde o início dos anos 1980. Alguns meses mais tarde, durante um jantar antes da abertura da FIAC, em Paris, Stanley comentou sobre o caso com Bernard Comment, a fim de saber sua opinião de editor. Começava a aventura deste livro.

Os textos são classificados, na medida do possível, por ordem cronológica. As palavras que, na transcrição, aparecem em vermelho indicam uma intervenção do editor, seja porque se corrigiu a ortografia, seja porque se acrescentou uma palavra que faltava. A ordem dos fragmentos de alguns documentos muito desconexos é, evidentemente, uma reconstituição, portanto uma interpretação: isso é indicado por setas vermelhas (as setas pretas são da própria Marilyn).

Nada impede que outros textos de Marylin venham à luz nos próximos anos ou décadas. Sem dúvida, ela escreveu muito mais do que aquilo que é reproduzido aqui. Por ora, aqui está tudo o que é disponível, com exceção de notas sobre o ofício de ator, que poderão formar um outro volume. Em todo caso, este conjunto nos revela várias facetas de uma jovem que não se contenta com os jogos de aparência e que procura a verdade das coisas, dos seres. Três ou quatro desses documentos podem ter sido já publicados aqui ou ali, na totalidade ou em parte, sem autorização. Aqui, eles ganham um novo sentido.

O fato de a atriz hollywoodiana ser realmente apaixonada pela literatura surpreenderá apenas aqueles que gostam de clichês. Isso não se limita à iconografia que reunimos (embora possamos nos perguntar se havia tantas atrizes que, na época, tinham o cuidado de ser fotografadas com um livro na mão). Em uma entrevista ao jornalista francês Georges Belmont, em 1960, Marilyn evocou o início de sua carreira: "[...] eu não era vista em nenhuma estreia, nenhuma coletiva de imprensa, nenhuma recepção. É simples: eu ia à escola! Eu nunca pude terminar meus estudos, então, ia à Universidade de Los Angeles. À noite. Durante o dia, eu ganhava minha vida com pequenos papéis nos filmes. Fazia cursos de história da literatura e de história deste país. Eu lia muito, grandes escritores". Sua biblioteca tinha mais de quatrocentos livros, dos clássicos (Milton, Dostoievski, Whitman) aos contemporâneos (Hemingway, Beckett, Kerouac).

Mais tarde, Arthur Miller também tem um papel, aconselhando, em particular, a biografia em seis volumes de Abraham Lincoln, de Carl Sandburg, que ela devora. No entanto, antes de ter uma relação com ele, já em 1952, ela enfrenta *Ulisses*, de James Joyce.

Sabemos que Marilyn inspirou numerosos pintores (Dalí, De Kooning, Warhol). Ela cultivou um interesse particular pela pintura: do Renascimento italiano (Botticelli, por exemplo), de Goya, principalmente os demônios ("Eu conheço muito bem esse homem, nós temos os mesmo sonhos, eu tenho os mesmos sonhos desde que era criança"), e de Degas, de quem ela olha com encantamento uma das dançarinas, ou ainda Rodin, de quem ela admira longamente a quimera na obra *Mão de Deus*, no Metropolitan Museum de Nova York.

Decorre de tudo isso uma Marilyn cultivada e se cultivando, curiosa, com uma forte vontade de compreender (os outros, o mundo, o destino) e de se compreender.
Ela toma notas, escreve seus sentimentos, seus pensamentos, suas interrogações. Alguns se surpreenderão com os erros de ortografia, nos quais não se pode excluir alguma forma de dislexia. Mas é preciso se lembrar de Marcel Proust (autor que ela lia nas gravações de *O segredo das viúvas*, de 1951), que confessava sua grande indulgência para com os "erros de ortografia" e que, em uma carta, escreve esta fórmula estranha e bela: "Todo erro de ortografia é a expressão de um desejo...".
O conjunto de documentos hoje revelado é um tesouro. Sua divulgação se deve a Anna Strasberg e a seus filhos Adam e David, que, na elaboração do projeto, não tiveram outra preocupação senão quanto à imagem de Marilyn e à oportunidade de descobrir um lado desconhecido dela. Seus critérios nunca foram comerciais, mas literários e artísticos. Uma vontade que compartilhamos do início ao fim para fazer um livro que, ousamos pensar, teria agradado à sua autora. Marilyn declarou a um jornalista: "Depois de Arthur, Lee é, provavelmente, aquele que mais mudou minha vida. É por isso que eu gosto tanto de ir ao Actors Studio e a seus famosos cursos particulares, aos quais é tão difícil ter acesso, no Carnegie Hall". Talvez Lee Strasberg tivesse adivinhado melhor do que os outros quem ela era.
Distante de qualquer horizonte de morte, Marilyn programa até o fim o seu futuro. Entre seus planos, a ideia de representar todo Shakespeare, de Julieta a Lady Macbeth. Ela também insiste na vontade de criar a própria empresa de produção, dessa vez em sociedade com Marlon Brando.
Alguns textos suscitarão interpretações e comentários. Mas não há nada de sujo, nada de mexericos nesses textos inéditos. A intimidade sem escândalo, o registro sísmico da alma. Isso não diminui em nada o mistério de Marilyn. Ele simplesmente adquire um pouco mais de substância. Ela foi um astro que não se podia capturar, dotado de uma força magnética que desregulava todas as bússolas de que ela se aproximava. Ainda hoje, ela aparece nas vitrines do mundo da beleza como uma referência que não sai de moda.
Inumeráveis atrizes e cantoras pop a tomam como referência, como um modelo absoluto, a fim de atuar como ela, de ter seu mesmo som. Canções a homenageiam, entre as quais aquela, famosa, de Elton John e Bernie Taupin: "Goodbye Norma Jeane [...] / Loneliness was tough / The thoughest role you ever played / Hollywood created a superstar / And pain was the price you paid / Even when you died / Oh the press still hounded you / All the papers had to say / Was that Marilyn was found in the nude".
Através de seus escritos, ela está mais viva do que nunca.

Stanley Buchthal
Bernard Comment

O pó da borboleta
por
Antonio Tabucchi

> Mas você continua a ser criança, tola como
> o passado, cruel como o futuro [...]. A tua beleza,
> sobrevivente do mundo antigo, requerida pelo mundo
> futuro, possuída pelo mundo presente, torna-se assim
> um mal.
> Pier Paolo Pasolini, *La rabbia* [*A raiva*] (1963)

1

Se fosse um filme, seria um flashback. Ver-se-ia uma criança de rosto doce e olhos grandes que se chama Norma Jeane; veste um collant com duas asinhas transparentes nas costas que a deixa parecida com uma criatura saída do mundo de Peter Pan; caminha sobre um cabo esticado no alto, muito alto, como um acrobata e, usando os braços para equilibrar-se, avança em precária estabilidade, embora pareça segura de si, com a inconsciente segurança dos sonâmbulos. Mas ela não dorme, está bem desperta; estranho, não é um cabo de aço, o alvo se aproxima, é um fio de seda que oscila perigosamente no ar. Como pode um fio tão sutil suportar uma criança suspensa no vazio?

A menina olha para baixo, em direção ao abismo. De um lado, há uma casinha modesta da qual o misterioso diretor do filme retirou o telhado para que se pudesse ver seu interior, como nas maquetes exibidas pelas imobiliárias. Dentro há uma mulher com ar desesperado, veste um penhoar, há uma garrafa de licor no criado-mudo, a cama está desarrumada, ao seu lado está um marinheiro de aspecto rude, que ri, sem que se possa ouvi-lo, e que estende as mãos na direção da menina para agarrá-la. Seus braços são monstruosamente compridos, ou melhor, alongam-se até roçar os pés da menina. Mas ela avança sem medo e olha para o outro lado do fio, em direção à parede de um arranha-céu nova-iorquino; então, apoia os cotovelos no ar como se se projetasse num balcão. Embaixo, o abismo, na calçada de uma rua percorrida por automóveis, há uma multidão que a chama com amplos gestos, a ovaciona, estende os braços na direção dela, braços esses que começam a se alongar monstruosamente até roçar-lhe os pés. Desejam-na, reclamam-na, gritam. Mas só se veem bocas escancaradas, pois o filme é mudo e em branco e preto. De que lado descer?

Nesse ponto do filme irrompe uma voz em off. Vem da criança, mas ela não abre a boca: doce e um pouco nasal, infantil mas adulta, parece implorar à vida que guie seus passos.

Marilyn durante uma coletiva de imprensa em Chicago, 1959

Vida –
Eu sou de ambas as suas direções
De alguma forma permanecendo de cabeça para baixo
na maior parte
mas forte como uma teia de aranha no
vento – eu existo mais com a geada fria e cintilante.
Mas os meus raios borbulhantes têm as cores que
vi nas pinturas – ah vida eles
traíram você.

A voz está recitando um poema de Marilyn Monroe. Não é mais um flashback, é um *flashforward*. Não é mais um filme, é a vida como ela é, estamos neste livro. Um livro que nos revela *a posteriori* uma personalidade intelectual e artística de que ninguém jamais suspeitara, nem os biógrafos e exegetas mais atentos.
Os documentos que este volume nos traz revelam uma outra Marilyn em relação à imagem que o cinema deixou dela: uma imagem da qual prevalece, com exceção de diretores como Huston e Hathaway que a chamaram para papéis complexos como a sua personalidade merecia, a figura de uma belíssima mulher loura; conforme a ocasião, cândida; ou, outra vezes, dotada de uma inteligência que não incomoda a inteligência masculina, uma mulher fascinante, a do cinema, fascinante e nascida com a função de seduzir os homens: a mulher que todo homem sonharia ter sobretudo "quando a esposa está de férias".
Este livro é a outra face da lua, embora não negue a imagem ícone da Marilyn cinematográfica, aquele maravilhoso invólucro natural do qual a natureza dotou Marilyn; ou melhor, anima-o de uma energia incrível. Dentro daquele corpo, que em certos momentos da sua vida Marilyn carregou como se fosse uma mala, vivia a alma de uma intelectual e de uma poeta de quem ninguém suspeitava.
Como teria sido a história se Marilyn, em vez de ter aquela extraordinária beleza que a tornou célebre no cinema, tivesse sido uma mulher de aspecto comum? Teria publicado em vida o que agora lemos e provavelmente teria se suicidado como o fizera Sylvia Plath. E talvez dissesse, como Sylvia Plath, que se suicidara porque era muito sensível e muito inteligente, e as pessoas muito sensíveis e muito inteligentes sofrem mais que as pessoas pouco sensíveis e pouco inteligentes e têm a tendência de se suicidar (é o que dizem os psiquiatras e as estatísticas). Se as pessoas escassamente sensíveis e inteligentes tendem a fazer mal aos outros, as pessoas muito sensíveis e inteligentes tendem a fazer mal a si mesmas: quem é muito sensível e muito inteligente conhece os riscos que comporta a complexidade disso que a vida escolhe para nós ou nos consente escolher, é consciente da pluralidade da qual somos feitos, não somente de uma natureza dupla, mas também tripla, quádrupla, das centenas de hipóteses da existência. Este é o grande problema daqueles que sentem demasiado e entendem demasiado: que podemos ser tantas coisas, mas a vida é uma só e nos obriga a ser só uma coisa, aquela que os outros pensam que nós somos.

2

Ídolo no sentido etimológico da palavra (do grego *eidolon*, o duplo "aéreo" de um corpo verdadeiro), Marilyn parece fora de si mesma, ou próxima a si mesma, como se houvesse uma aura idêntica a ela mas inapreensível, e ela coincidisse mais com essa aura do que com seu corpo.

Uma mulher de uma carnalidade tão cheia de alegria, com um duplo aéreo feito pela melancolia.

Isto é possível?

Estamos numa praia em Long Island. Ano de 1949, André de Dienes a está fotografando. Termina a sessão de fotos, Marilyn emprestou por toda a tarde seu corpo à objetiva, agora estão conversando como se conversa na praia: suposições, tolices, coisas abstrusas, outras vidas possíveis depois desta vida terrena. Todos nós, quem não se lembra, falamos alguma vez de coisas assim, no verão, na praia, coisas do tipo reencarnação e outras metafísicas de bolso. De repente Marilyn tem uma ideia. É ao mesmo tempo uma premonição e uma inconsciente tomada de consciência, como pode acontecer somente àqueles que conseguem se ver de fora. Sibila de si mesma, Marilyn se vê como uma borboleta: "Um dia, enquanto a fotograva, nos aventuramos em uma longa discussão sobre reencarnação. Estávamos ao ar livre, debaixo de um belo céu onde nuvens deslizavam. Marilyn estava contente e ria. Ela me confessou que na sua próxima encarnação gostaria de ser uma borboleta. Seguindo as nuvens, eu lhe disse: 'Olha, Norma Jeane, à nossa volta há uma forma de reencarnação evidente. Uma boa parte de nosso corpo é feita de água. Quando morremos, essa água evapora e se transforma em nuvem. As nuvens viram chuva e a chuva fertiliza a terra, onde crescem as plantas que os animais e os homens comem. É assim que o ciclo da vida se repete continuamente'. Marilyn me respondeu: 'Quer que me transforme numa nuvem? Fotografe-a então!'. Abrindo os braços correu ao meu encontro, o rosto voltado para o céu, os cabelos ao vento..." (André de Dienes, *Marilyn*, Taschen, 2004).

Marilyn não é só um mito ou um ícone (parece que a imagem de seu rosto é tão conhecida quanto a da *Mona Lisa*, de Leonardo). Talvez, enquanto André de Dienes a fotografava, Marilyn tenha visto a própria "essência" e pensara em oferecê-la à objetiva. Mas a aura não pode ficar impressa na película, seria como fotografar uma cefaleia – e de fato André de Dienes tentará fazer uma montagem inserindo Marilyn entre as nuvens. Marilyn não sabe disso ainda, mas isso já é quase uma despedida, quase uma psicanálise "selvagem" de si mesma, o desejo de separar-se da vida corpórea para voar como borboleta em direção ao seu Nãoseionde. Está olhando o seu *Phantasma*.

3

Antes que os latinos tivessem inventado a palavra *imago*, os gregos usavam a palavra *Phantasma*, que significa "imagem". Mas não a imagem que o nosso corpo dá de nós mesmos, mas sim a imagem de nós mesmos que temos em nosso pensamento.

A "consciência" de nós mesmos, em outras palavras, a nossa "alma".

Marilyn Monroe lia James Joyce, revela-nos este livro. E o amava. Talvez, na praia de Long Island, provara uma epifania, aquele flash que, segundo Joyce, revela a alma das coisas além da espessa epiderme que a reveste. Fotografa a minha alma, está dizendo Marilyn a André de Dienes: é uma ocasião única.

4

"*I guess I am a fantasy*", "creio ser uma aparência" (ou um fantasma, se se preferir). Disse-o Marilyn Monroe em 1959, e conta-o Donald Spoto em sua biografia. A frase é misteriosa e um pouco inquietante, mas, aplicada ao exato fotograma do filme da sua vida, adquire uma clareza extraordinária. Passaram-se dez anos desde aquele dia na praia de Long Island com André de Dienes, talvez Marilyn tenha compreendido que a borboleta e o "fantasma" indicam a mesma coisa.

5

E aqui é quase obrigatório evocar Aby Warburg. Warburg (1866-1929), o mais genial crítico da arte do Renascimento italiano. Genial também porque os deuses daquela Grécia na qual procurava as origens da pintura italiana quinhentista lhe concederam uma intermitente loucura para superar a sua extraordinária erudição e ir "adiante" buscar o significado de uma imagem para além da sua imagem visível: procurar a origem da imagem na ideia que a gerou.
Estamos no início do século XX, Warburg está estudando e destrinchando a *Primavera*, de Botticelli, sobre a qual existe uma estratificação interpretativa espessa como uma parede. Mas lhe vem à cabeça a ideia de que aquela cena com graciosas e sensuais donzelas não represente somente a alegria das festas palacianas da corte dos Médici, a felicidade dos sentidos, o desfrute da vida. Pensa, ao contrário, na corrente filosófica que no século XVI percorria Florença e que nutria todo o Renascimento, pensa em Marsilio Ficino e no neoplatonismo. E do neoplatonismo seu pensamento corre até Platão, e de Platão aos Pré-socráticos. E pensa que aquela belíssima garota, a Primavera, que carrega flores, embora no grupo haja personalidades conhecidas (por exemplo, um senhor dos Médici), não pode ser uma garota comum de Florença. É uma ninfa, assim como os gregos pensavam as ninfas: seres semidivinos, dotados de asas, que apareciam fugazmente aos mortais. E que voavam como borboletas.

6

> Oh droga queria estar
> morta – absolutamente inexistente –
> desaparecida daqui – de
> todos os lugares mas como eu conseguiria
> Sempre existem pontes – a Ponte do Brooklyn
> Mas eu amo aquela ponte

A Alma, a Borboleta, a Morte. "Quem não sabe que a borboleta representa a imagem da alma, em particular da alma que se destaca do corpo?" Assim afirma Lessing no seu magnífico ensaio "Wie die Alten den Tod Gebildet" ("Como os antigos representavam a morte"), de 1769. É verdade, para os antigos a alma é um ser alado representado por uma borboleta, e também a alma que se destaca do corpo – ou seja, a morte – é uma borboleta, que para nós evoca a falena, a borboleta noturna.

Na poesia de Marilyn Monroe há uma invocação da Morte, uma invocação da Sombra: nesta poesia é a borboleta noturna, aquele ser alado que transporta a alma para o outro lado. E de repente chega a imagem da ponte, também ela uma coisa que vai de um lado para outro. Não a Ponte do Brooklyn, belíssima, que Marilyn ama, mas uma ponte desconhecida e feia, feita para a viagem ao Desconhecido. Mas é impossível encontrar uma ponte desse tipo, porque Marilyn não conhece uma ponte feia. Todas as pontes para ela são belas.

Marilyn, sabemos disso agora, tinha uma boa cultura, não escreveu só poemas, leu também muita poesia. Neste livro há inúmeras fotos que a surpreendem com livros de poesia nas mãos ou em companhia de grandes poetas de língua inglesa, como Carl Sandburg ou Edith Sitwell, e a ponte que aqui evoca não pode deixar de nos fazer recordar de uma grande obra em verso, quase um poema épico, que um dos maiores poetas americanos do século XX dedicou a esta estrutura arquitetônica portadora de uma infinidade de símbolos: *The bridge* (1930), de Hart Crane. A ponte de Crane é em particular aquela do Brooklyn, dos tempos do capitão Smith, dos anos da Grande Depressão de 1929, os quais Crane viveu. Mas os níveis de significado mítico e simbólico desse poema são muito ricos: de Rimbaud aos metafísicos ingleses e a Eliot, tudo se transforma em símbolo e analogia da imagem daquela estrutura arquitetônica em metal estendida de uma margem à outra do East River

Como se condensasse todos os significados do grande poema de Crane, Marilyn, em dois versos, nomeando a Ponte do Brooklyn, parece piscar os olhos para quem queira entender.

7

Também Vladimir Nabokov se sentia atraído pelas borboletas. Dedicou-se ao estudo das borboletas com sério empenho científico e, durante os seus primeiros anos nos Estados Unidos, empregado como entomólogo no Museu de Zoologia Comparada da Universidade de Harvard, passava seus dias a estudá-las.

Antes de se tornar o escritor que é, Nabokov foi um cientista consciencioso e atento. O que interessava a Nabokov nas borboletas? Estou propenso a acreditar que ele procurava a essência da borboleta. Visto que não conseguia compreendê-la através do microscópio, voltou-se para a literatura e escreveu *Lolita*. Lolita é uma ninfa, é óbvio, e o atributo "ninfômano" para Nabokov (ou melhor, para o seu personagem) não soa exatamente depreciativo, decerto tem outro sentido.

Humbert é alguém que está perseguindo uma Ninfa para compreender a natureza dela. A sua curiosidade, que diz respeito também à esfera do eros, torna-se rapidamente uma mania e termina, naturalmente, num manicômio.

8

Warburg chegou à conclusão de que as figuras femininas da pintura renascentista florentina são ninfas. E as ninfas – além da figura de Nike, ninfa estática que nas suas asas carrega a guerra –, segundo os antigos, pertenciam às Bacantes, que são ao mesmo tempo beleza e morte. Captar beleza e morte é impossível, porque beleza e morte pertencem ao inefável. Só o Mito pode compreendê-las.
Que o Mito seja antigo não é indispensável; o importante é a sua natureza: pode ser perfeitamente um mito que se constrói na modernidade, uma vez que ele está fora do tempo.

9

Não só os poemas, mas também as notas breves e as páginas de diário contidas neste livro (sempre com uma prosa fortemente elíptica, hipersignificante e, por isso, no limite da linguagem sibilina própria da poesia) constituem de modo flagrante uma busca e uma *quête*. A busca racional de um intelectual que procura entender a realidade que o cerca (o que é este mundo, o que ele significa) e a *quête* de uma pessoa que busca a si mesma neste mundo (quem sou eu aqui e que sentido tenho). Marilyn é perfeitamente consciente de ser um mito (ou um novo mito) e ao mesmo tempo se pergunta pelo sentido disso.
Há um texto em particular (mas seria possível encontrar isso em muitos outros) que reúne de maneira extraordinária essa dupla busca: são as indicações de Lee Strasberg que ela mesma anotou e comenta. Trata-se do Actors Studio, que Marilyn está cursando com dedicação e seriedade exemplares, trata-se então da sua vida real, cotidiana, do seu ofício de atriz. Evidentemente Strasberg forneceu-lhe as instruções de um grande profissional, e Marilyn deseja segui-las. Mas no seu diário insere reflexões sobre o "sentido" do que deve fazer, e o misterioso significado da vida entra na prática realidade daquilo que está fazendo e a faz implodir.
Não se trata mais somente de um problema do ofício, há alguma coisa a mais. Cesare Pavese escreveu um belíssimo diário cujo título é *O ofício de viver*. É o título que conviria a uma das cartas do Waldorf-Astoria (p. 104), que começa assim:
Não mais uma criança só e assustada
Lembre-se que pode ter o mundo a seus pés (não é assim que parece)
Desespero e ironia: qual é a diferença?

10

"A mais bela borboleta que jamais colecionara de repente me aparece trazida pelo vento dançando zombeteiramente no ar azul. Gostaria de agarrá-la de novo, mas não disponho dessa capacidade. Na verdade, gostaria, mas a minha educação intelectual não me permite isso. Também eu nasci na Platônia e gostaria, junto contigo, de olhar do alto do pico de uma montanha o voo circular das ideias.

Aproximando-se da nossa ágil donzela, gostaria de rodopiar com ela tomado de alegria. Mas esses arroubos não são feitos para mim. A mim só é permitido olhar para trás e saborear nas lagartas o desenvolvimento da borboleta."
Estamos em 1900. Warburg escreve essa carta ao seu amigo André Jolles e invoca, sem dizê-lo explicitamente, um "instante mágico" que lhe fugiu, o instante no qual a lagarta se torna borboleta e levanta voo. Esse é o momento que Warburg gostaria de ter flagrado, mas isso lhe é vetado. Sabe que esse instante pertence apenas a Platônia, ao mundo dos sonhos. À dimensão da epifania.

11

Quem nunca sonhou em passar uma noite com Marilyn Monroe? Essa pesquisa certamente já deve ter sido feita por algum *magazine,* e certamente deduz-se que a maioria dos machos entrevistados sonhara com isso. Mas, se o sonho tivesse de se tornar real, os homens que responderam à pesquisa talvez não tenham pensado que, para ter entre os braços de fato não o mito mas a mulher como a natureza a fez, deveriam despir aquele corpo. Tirar-lhe a platônica lingerie Chanel nº 5, com a qual Marilyn dizia dormir, colocá-la sobre o criado-mudo e enfiar-se debaixo dos lençóis sentindo o odor verdadeiro e natural de uma mulher. Impossível.
Começamos a suspeitar que Marilyn tenha oferecido seu corpo coberto por um invólucro, uma espécie de silicone que assegura a transparência do corpo mas que defende sua essência mais profunda, o *Phantasma.* A borboleta sabe que, se dois dedos lhe prenderem as asas, ela perderá o mágico pó que a permite voar.

12

Mas as borboletas também têm pesadelos. E nesta dimensão a realidade vira do avesso: o pó que estava sobre suas asas encontra-se dentro do abdômen, o entomólogo de plantão a abre e o pó sai. "Abrem-me – Strasberg com a ajuda de Hohenberg.
E não encontram absolutamente nada [...] sai somente serragem sutilíssima – como de uma boneca de pano – e a serragem se espalha pelo piso e pela mesa."

13

Em 1921 Warburg foi internado na Suíça, na clínica Belle Vue, de Kreuzlingen. Delirava. Era verão, a janela estava escancarada para os jardins e, atraídas pela luz sobre o criado-mudo, entravam borboletas noturnas. Warburg falava com elas durante a noite.
Aquelas minúsculas criaturas voejantes eram suas visitas e o seu conforto.
No delírio produzido pela loucura, à profunda cultura clássica misturavam-se as suas alucinações. Ele pensava que aqueles pequenos seres alados fossem ninfas, e as ninfas carregam o *Phantasma* do Ser; são "almas". Mais tarde, quando recuperou a sanidade, Warburg chamou essas falenas de "Seelentierchen" (almas animaizinhas). É um

neologismo curioso, que exprime ao mesmo tempo as borboletas e a alma, e que depois dele não encontrou mais uso na língua alemã.*

14

A borboleta Marilyn encontra-se na mesma condição de Warburg: está trancada numa gaiola.
O pesadelo agora é realidade, ou vice-versa. E Marilyn consegue contá-lo ao seu psicanalista, o doutor Greenson (pp. 231-245), com um tom estoico quase glacial. Loucura, como poderiam pensar alguns, ou extrema lucidez?

15

A imagem que Marilyn Monroe deixou de si no mundo das imagens esconde uma alma que poucos suspeitavam existir. Bela, é uma alma que a psicologia, de barato, definiria como "neurótica", como se podem definir "neuróticos" todos aqueles que pensam demasiado, que amam demasiado, que sentem demasiado. O destino da sua vida a quis sobretudo imagem, um ícone como o rosto da *Mona Lisa*, atrás do qual não se sabe o que há.
Este livro, com todos os seus documentos inéditos, revela a complexidade da alma que estava por trás da imagem. Poemas, cartas, diários íntimos, notas tomadas ao acaso, textos que dotam a imagem daquele rosto belíssimo e radiante de um sentido para muitos insuspeitado e que, ao contrário, é "fora de série", no sentido oposto àquele imaginado por Andy Wharol, que a fez "serial"; todos estes textos emergem deste livro, que reúne não aquilo que Marilyn parecia, mas aquilo que Marilyn pensava. Agora, reunir as suas aparências visíveis com aquilo que se escondia atrás delas torna seu rosto e seu corpo ainda mais belos, mais sonháveis: sonhar a Marilyn que sonhava ser uma borboleta.

16

Mas quem sabe tudo isso que eu tenha dito até agora não possa encontrar uma solução no seu avesso: "O antigo filósofo chinês Chuang Tzu sonhara ser uma borboleta e, ao acordar, não sabia se era um homem que tinha sonhado ser uma borboleta ou uma borboleta que agora sonhava ser um homem". Assim o conta Borges.
Talvez Marilyn, que sonhara ter sido uma borboleta, um dia tenha pensado que uma borboleta sonhava ser ela. E, para poder voar para sempre, decidiu tornar-se quem a sonhava.

(*Tradução do italiano de Eugênio Vinci de Moraes*)

---

* Sobre a vida de Warburg, ver Gioachino Chiarini, *I cieli del mito. Letteratura e cosmo da Omero a Ovidio* (Reggio Emilia: Diabasis, 2005).

James Dougherty e Norma Jeane, Catalina Island, outono de 1943

NOTA PESSOAL

1943

Norma Jeane casa-se com James Dougherty em 19 de junho de 1942, ou seja, exatamente na idade em que a lei californiana permite o casamento. Assim, ela evita retornar ao orfanato.
Nascido em abril de 1921, ele é cinco anos mais velho que ela.
No fim de 1943, o casal se instala por alguns meses na ilha de Catalina, perto de Los Angeles, um local chique, de veraneio, antes da guerra.
É possível que o texto desta longa nota, surpreendentemente datilografado, tenha sido redigido nessa época.
É de surpreender, mesmo impressionar, a maturidade dessa jovem de menos de dezoito anos, que se questiona sobre o casamento e suas expectativas de vida diante da traição de seu marido e de um conjunto de desilusões anunciadas desde a primeira frase. O aspecto errático deste escrito revela, todavia, uma grande emoção naquele momento.
Quanto à "outra mulher" de que se trata, poderia ser a antiga noiva do jovem marido, Doris Drennan, que havia sido eleita rainha da beleza de Santa Bárbara.
O divórcio ocorrerá em 13 de dezembro de 1946, mas o casal já estava separado havia muito tempo.

my relationship with him was basically insecure from the first night I spent alone with him. He was very insecure not perhaps so much of himself but of how I a girl 6 yr younger would react - actually in the beginning I would never have stayed with him but for his love of classical music his intellect which made a pretense at being more then it was and his desire to bring out any maturer qualities envolving personality or secual relations with me. It was a period in which I ran up against many doubts as to whether this young man of 21 was in unreality my suppressed [illegible] dream man - probaleling I was greatly attracted to him as one of the ~~only~~ few young men I had no sexual repulsion for besides which it gave me a false sense of security to feel that he was endowed with more overwelming qualities which I did not possess —— on paper it all begins to sound terribly logical but the secret midnight meetings the fugetive glance stolen in others company the sharing of the ocean, moon & stars and air aloneness made it a ~~te~~ romantic adventure ~~for~~ which a young, rather shy girl who didnt always give that impression because of her desire to belong & develope can thrive on -- I had always felt a need to live up to that expectation of my elders having been not ~~a-per~~ in a precosious manner an unusually mature child for my age - and at ~~t-el~~ 10, 11, 12 & 13 when my closer companions were all persons of 4 to 6 yrs - advancement this [illegible] of peo. into which I at first inadvertantly fell made all the problems of adolesance, that painful inbetween age, where one yearns only to be accepted in <u>ones own</u> age group, more intensified, so that at 15, I felt strongly the pattern of insecurity I had developed -- only ~~we~~ with people younger or older was I confortable and in such presences I became an advanced child who fitted in easily except on grounds where her own

- continued -

Meu relacionamento com ele era basicamente inseguro desde a primeira noite que passei sozinha com ele. Ele era muito inseguro não tanto dele mesmo mas como eu uma menina 6 anos mais nova reagiria – na verdade no início eu não teria ficado com ele exceto pela sua paixão pela música clássica seu intelecto que fingia ser mais do que era e seu desejo de trazer à tona quaisquer qualidades mais maduras envolvendo personalidade ou relação sexual comigo. Foi um período em que eu tive que lidar com muitas dúvidas sobre se esse rapaz de 21 anos não estava em conflito com minha ideia debelada de homem dos sonhos – provavelmente me senti muito atraída por ele como um dos poucos homens jovens pelos quais não sentia repulsa sexual além do que me dava uma falsa sensação de segurança sentir que ele era favorecido com qualidades mais impressionantes as quais eu não possuía – no papel tudo isso começa a parecer terrivelmente lógico mas os encontros secretos à meia-noite os olhares roubados em público o compartilhar do oceano, da lua e das estrelas e do isolamento ao ar livre fizeram daquilo uma aventura romântica que poderia ser desenvolvida por uma garota jovem, um tanto tímida, que nem sempre dava essa impressão graças ao seu desejo de pertencer e de se desenvolver – eu sempre senti necessidade de viver à altura das expectativas dos mais velhos, tendo sido, não de forma precoce, uma criança estranhamente madura para minha idade – e aos dez, onze, doze e treze anos, quando minhas companhias mais próximas eram todas pessoas de quatro a seis anos mais velhas do que eu, esse ambiente onde caí involuntariamente intensificou os problemas da adolescência, aquela dolorosa idade intermediária, na qual alguém só anseia ser aceito num grupo de <u>sua própria</u> idade, de forma que aos quinze anos eu sentia fortemente a disposição insegura que tinha desenvolvido – eu só me sentia à vontade com pessoas mais jovens ou mais velhas e com elas me tornei uma criança avançada que se encaixava facilmente exceto nos terrenos onde sua própria

age group of 15-21) was involved probably my frustrations are no greater then those of any teenage girl but some overcome it by loosing principle & intelligence to a degree where I felt that eventually this would combat not conquer for them. All my unfounded jealousies were surpressed by my desire to find myself a full person ready to face less superficial problems then the typical teenager is supposed to have.

I was a very small delicatly built girl - at 15 I had done a play T.V. - show a leading part modeling occasionally with innumerable opportunities movies to contracts - steady modeling so that to an outsider it might not be concievable that I had taken my small insecurities and built them up into a nervous tension which although it had outlets was always present ~~whi~~ with so some people no apparent reason. ~~during-most-of-my~~ during the ~~summer-ther~~ year there would be days or weeks when I wanted only to have occasional company when desired - to busy myself in reading so that any attempt at ajustment to a situation which looked slightly forboding became an exausting process -- I was an intense introvert probably but because I loved people and had friends wherevere I cared to cultivate them it was perhaps balanced more then it might be -- if I had not any agreeable or charming social patterns the unfortunate thing was that any/withdrawing or coldness was deliberate and that although I recognized this feeling I had no desire except in very passionate moods to overcome my feelings -- very few people except my more sensitive acuaintences sensed this and accepted it fully he did not - for being in himself a person who had in different envirement my problems to a lesser degree.

faixa etária de 15-21 anos estava envolvida; provavelmente minhas frustrações não são maiores do que as de qualquer garota adolescente mas algumas superam suas frustrações renunciando a seus princípios e à sua inteligência a tal ponto que me parecia, no fim das contas, fazer mais mal para elas do que bem. Todo meu ciúme gratuito foi reprimido pelo desejo de me sentir uma pessoa plena pronta para enfrentar problemas menos superficiais do que a adolescente típica supostamente tem.

Eu era uma menina muito pequena e jeitosa – aos quinze anos já tinha feito o papel principal num show de TV, trabalhava como modelo de vez em quando com inúmeras oportunidades de contratos de cinema – tão firme como modelo que, para alguém de fora, talvez não fosse concebível que eu fosse tão dominada pelas minhas pequenas inseguranças e as tivesse transformado numa tensão nervosa que, apesar de alguns intervalos, continuava presente sem que a maioria das pessoas entendesse; durante o ano havia dias ou semanas inteiras em que eu não queria companhia nenhuma, a não ser ocasionalmente e quando me agradasse – tão ocupada com leitura que qualquer tentativa de me ajustar a uma situação que parecesse um pouco preocupante se tornava um processo muito cansativo. Eu era provavelmente muito introvertida, mas como eu amava as pessoas e tinha amigos sempre quando me dava ao trabalho de cultivá-los, minha vida era talvez mais equilibrada do que poderia ser – se eu não tivesse tido essa capacidade social de me mostrar agradável ou encantadora o triste era que qualquer frieza ou distanciamento era deliberado e que, apesar de reconhecer esse sentimento, eu não tinha desejo de superar meus sentimentos, a não ser nos momentos de grande paixão – pouquíssimas pessoas, exceto meus conhecidos mais sensíveis, percebiam isso e aceitavam completamente, mas não ele – pois ele mesmo é uma pessoa que teve, em outro ambiente, meus problemas em menor grau.

One experiance which I have not analized objectively nor will I probably be able to occured one evening - the past night we had spent together my being in a bitchy withdrawn mood the evening was rather weary and weighted with almost a distrust of him & his relation to this other girl which I at first would only aproach (and not to accept in a very roundabout manner so that we parted rather cooly and abruptly making no plans to meet ~~secretly~~ the next night, I being the romantic estheticl soul I am believed that like some great lover he would know I was waiting for him unfortunately he did not appear and I began to berate him & myself - myself for being unrealistic ~~a~~ mean undomonstretive and for allowing myself to care in a situation I felt I had been drawn into and then forced to grow with first by he then by my consious being slowly falling into the habits which my actions set -

I think that only a person who remembers growing up might very clearly & completely see what an objective analitical view I an trying to establish suceeding in becoming a trifle to pompass about my own reletively simple thoughts but then its very difficult for me to set down on paper as if talking to a second person those bare truths & emotions I felt - perhaps even poetic but which if I wrote them in thier naturl form I fear I might disgard right into the wastepaper basket -

note) listening to the little girl crying in the hall it seems that at times children have remarkable perseption & ~~insite~~ insight and in some even a very humane trait which while in the prosess of growing up one loses touch with - (oh damn! I get so carried away that I completely sidetrack myself good intentions or no) anyway finding myself ofhandedly stood up snubbed my first feeling was not of anger - but the numb pain of rejection & hurt at

Uma experiência que não analisei objetivamente nem provavelmente conseguirei analisar me aconteceu uma noite – a noite anterior estávamos juntos eu num estado de humor pesado e distante a noite foi um tanto tediosa e sobrecarregada com uma quase desconfiança quanto a ele e sua relação com uma outra garota que a princípio eu apenas abordaria (e não aceitaria) de maneira circular então saímos de cabeça fria e abruptamente sem fazer planos de nos encontrar na noite seguinte. Sendo uma alma romântica e sensível à beleza eu acreditava que ele como um grande amante saberia que eu o estaria esperando. Infelizmente ele não apareceu e comecei a condená-lo e a mim mesma – a mim por ser irrealista ou seja pouco expressiva e por me permitir que eu me importasse com uma situação para a qual eu sentia que tinha sido arrastada e depois forçada a aceitar primeiro por ele e depois por meu ser consciente lentamente caindo nos hábitos que minhas ações estabeleceram.

Acho que só uma pessoa que se lembra de como se criou pode ver clara e completamente com uma visão objetiva e analítica que estou tentando estabelecer, mesmo que me torne um pouco pomposa demais sobre meus pensamentos relativamente simples, mas ao mesmo tempo é muito difícil para pôr no papel como se conversasse com uma segunda pessoa essas verdades e emoções escancaradas – talvez até poéticas mas se as escrevesse na sua forma natural, temo que as jogasse direto na lata do lixo.

(nota) ouvindo a menininha chorando no salão de entrada parece que às vezes as crianças têm uma percepção e uma intuição incríveis e em algumas um traço muito humano com o qual se perde contato no processo de crescimento – (oh droga! me deixo levar tanto que me perco completamente, boas intenções ou não) enfim me vendo desprezada de um jeito tão ofensivo, meu primeiro sentimento não foi de raiva – mas a dor dormente de rejeição e mágoa diante

the { destruction ~~of~~ / lose } of some sort of edealistic image of true love.

My first impulse then was one of complete subjection humiliation, alonement to the male counterpart. (all this thought & writting has made my hands tremble but I just want to keep pouring it out until that great pot in the mind is, though not emptied, ~~relievee~~ relieved - I know when I sit down & read this I will blanche at the thought of having written so much crap - (you see side-tracked again) - then - out of sheer desparation I sopose I stood & waiting for one hour & a quarter suffering as greatly ~~&~~ though not as ~~notel~~ notebly or sobbing as Duses & crying not hystericaly ~~but~~ just large drops ~~fel~~ trickling down my nose making me scratch my face - underneath I was worried that he might come & see me in that piteful state eyes red-nose shinning hair falling stragling curtaining one eye end of evening.

Then came the 2nd act while speaking - rather she spoke (one of those I had been avoiding I discovered & that he had spent the evening & most of the morning hours with the other woman to be prosaic & I thanked God I had waylaid him on the beach to protest my undying [ie] love - rejection I could endure but making a fool of myself even if he had been sincere in his love ~~I could~~ my pride could not take - also the fact that I was so foolishly loyal and that I did not have a chance to wound him in some childish fashion was another blow to my as yet unsteady ego - I now would like a chance at a third act - the unsuspecting male and ~~then~~ the vengful female, ~~el~~ but now I'm only fooling myself if I do get my last act I will portray the heroine who bravely suffers tucking it all away to use as barage ~~form~~ some now unknown man.

da destruição/perda de um pouco daquela imagem idealizada de amor verdadeiro.

Meu impulso inicial então foi de completa sujeição, humilhação, isolamento em relação à contraparte masculina (todo esse pensamento e essa escrita fizeram minhas mãos tremer mas quero simplesmente continuar a despejar tudo isso até que esse imenso tanque que a mente é fique não esvaziado, mas aliviado – Sei que quando sentar e ler isso vou ficar pálida quando perceber que escrevi tanta baboseira – veja só, saí do assunto de novo) – depois – por puro desespero creio que fiquei lá, esperando durante uma hora e quinze minutos sofrendo tão imensamente e soluçando como Duse, mas sem a nobreza dela, e chorando sem histeria, só gotas grandes escorrendo pelo meu nariz fazendo eu coçar meu rosto – no fundo, me preocupava que ele aparecesse e me visse naquele estado deplorável, olhos vermelhos, nariz brilhando, cabelos caídos cobrindo um olho como uma cortina – fim da noite.

Em seguida veio o segundo ato enquanto falávamos – quer dizer ela falava (uma daquelas que eu evitava) descobri que ele tinha passado a noite e a maioria das horas da manhã com a outra para ser prosaica e agradeci a Deus por tê-lo surpreendido na praia para protestar meu amor eterno – eu poderia aguentar a rejeição mas não fazer um papel ridículo mesmo que ele tenha sido sincero em seu amor meu orgulho não aguentaria – além do fato de eu ser tão idiotamente leal e que eu não tinha a menor chance de magoá-lo de um jeito infantil foi mais um golpe para meu ego ainda instável – eu agora queria ter uma chance em um terceiro ato – o macho confiante a fêmea vingativa, mas agora estou apenas enganando a mim mesma se conseguir o meu último ato farei o papel da heroína que sofre bravamente engolindo tudo para usar como barricada um homem agora desconhecido.

(this is all making me feel easier and perhaps spending the night alone will not be a trial such as the one I forced myself through last night - I would like to see him though as I'm leaving this place tomorrow - why isn't anything plain & commonplace ordinary & easy -

I guess I'm to emotional in the wrong spots -

but if things weren't like that I would probably bore myself - although if I were different I would hardly know the defference (I've been smoking and it is a filthy habit (it's not one of mine yet) I have the most unpleasant smell and ~~tal~~ taste in my mouth as if I ~~were~~ had chewed raw tobacco over a sustained amount of time.

Why is it that after all this sensible talk the thought of meeting him still not uncovering my feelings makes my pulse beat and I feel the blood flush my body (if I had any sense disipline or courage I would not even look for the boy who won't be there yet I know know that at 12 o clock I will feel another surge of resentment).

I think my love if you must call it that was mostly that wonderful titulaling feeling of of being wanted, loved & cared for ~~by-a~~ & any sexual ~~attach~~ attraction.

~~I-thing~~ I think perhaps I would be freer tonight & might even be able to say I love you looking into his eyes straight & feeling a tinge of hate or something akin to it.

to show its my feminine being that wants satisfaction last night I was so badly sunburnt that I wore only a sweater & no bra - it gave me a sensual feeling I thought he ~~my~~ might share - now there is the question of whether he lied to me - if he loved us both I could accept that but if he lied when he said I was first & foremost and that if this relationship ever differed he would share this information with me for as he himself said, I would not want to play second fiddle.

(tudo isso está fazendo eu me sentir melhor e talvez passar a noite sozinha não será um desafio como o que me forcei a enfrentar ontem à noite – Gostaria de vê-lo contudo já que estarei deixando este lugar amanhã – por que nada é tranquilo, comum, simples e fácil.

Creio que sou emotiva demais nas áreas erradas – mas se as coisas não fossem assim eu provavelmente ficaria entediada – mesmo assim se eu fosse diferente eu praticamente não notaria a diferença (tenho fumado e isso é um hábito nojento – não é um dos meus ainda) estou com o cheiro e com o gosto mais desagradável na minha boca como se tivesse mascado tabaco cru por horas.

Por que é que, após toda essa conversa sensata, o pensamento de encontrá-lo mesmo não descortinando meus sentimentos faz meu coração pulsar e sinto o sangue aquecer meu corpo (se eu tivesse o menor senso de disciplina ou coragem eu nem sequer procuraria o garoto que não estará lá, mesmo assim sei que à meia-noite sentirei outro surto ou ressentimento)

Acho que meu amor, se pode ser chamado assim, foi em sua maior parte aquela sensação esfuziante de ser desejada, amada e cuidada e qualquer atração sexual.

Acho que talvez eu esteja mais livre hoje à noite e possa dizer eu te amo olhando nos olhos dele direto e sentindo uma faísca de raiva ou algo semelhante a isso.

Para mostrar que é meu ser feminino que busca satisfação: ontem à noite estava tão gravemente queimada do sol que vesti só uma camiseta, sem sutiã – me deu um sentimento sensual que pensei que ele fosse compartilhar – agora existe a questão de se ele mentiu para mim – eu poderia aceitar que ele tenha amado as duas, mas, se ele mentiu quando disse que eu era a primeira e a mais importante e que, se este relacionamento mudasse, ele compartilharia essa informação comigo pois, como ele mesmo disse, eu não iria gostar de tocar o segundo violino.

There is one span of time in which I knew he was honest but then she had not ~~met~~ entered <u>our</u> lives - (as you see I am still quite an optomist and soon I hope I can laugh about this - ~~e~~ laughter without that protective false ring.

Its hard not to try and rationalize and protect your own feelings but eventually that makes the acceptance of truth more difficult -

And I was planning to come here for two weeks - if I do the play I can go through 2 weeks of hell but if not I either have to make a very fast adjustment or find another vacation spot.

For someone like me its wrong to go through ~~threw~~ thorough self analisis - I do it enough in thought generalities enough.

Its not to much fun to know yourself to well or think you do - everyone needs a little conciet to carry them ~~past-the~~ through & past the falls

Durante um tempo achei que ele era honesto mas na época ela ainda não tinha entrado nas nossa vida – (como você pode ver, ainda sou uma otimista e espero poder rir disso tudo – risadas sem aquele falso anel de proteção).

É difícil não tentar racionalizar e proteger seus próprios sentimentos mas no final isso torna a aceitação da verdade mais difícil.

E eu estava planejando vir aqui por duas semanas – se eu fizer a peça posso passar duas semanas de inferno, mas, se não fizer, terei que voltar muito rápido e encontrar outro local de férias.

Para alguém como eu é errado passar por autoanálise – faço muito isso nos meus pensamentos em geral.

Não é muito divertido se conhecer ou pensar que se conhece tão bem – todos precisam de um pouco de empáfia para superar as quedas.

Marilyn durante as filmagens de *Torrentes de paixão*, 1952
Marilyn lendo Heinrich Heine

HEINRICH HEINE

POEMAS NÃO DATADOS

Marilyn Monroe escrevia textos assemelhados a poemas ou a esboços de poemas em folhas de papel ou páginas de caderno.
Ela só mostrou seus escritos a amigos muito próximos, especialmente Norman Rosten, escritor nova-iorquino instalado no Brooklyn e amigo de Arthur Miller, que a havia encorajado muito após ter lido alguns trechos. Na conclusão de um livro que ele lhe dedicara (*Marilyn among friends*), testemunha: "Ela tinha o instinto e os reflexos do poeta, mas lhe faltava o domínio".
Sem dúvida, a forma poética, ou mais amplamente a do fragmento, lhe permitia exprimir lampejos, sensações pontuais – mas quem poderia compreender essa voz frágil, o reverso da loira radiante?
Arthur Miller tem, sobre isso, uma fórmula notável: "Para sobreviver, seria preciso que ela fosse mais cínica ou, pelo menos, mais próxima da realidade. Em vez disso, ela era uma poeta na esquina, tentando recitar seus versos a uma multidão que lhe arrancava as roupas".

Life, —

I am of both of your directions

Some how I'm moving changing downward
the most

But strong as a cobweb in the
wind - I exist more with the glistening frost.
My beaded rays have the colors I've
seen in a painting - ah life they
have cheated you

Life –
I am of both of your directions
~~Life~~
Somehow remaining hanging downward
the most
but strong as a cobweb in the
wind – I exist more with the cold glistening frost.
But my beaded rays have the colors I've
seen in a painting~~s~~ – ah life they
have cheated you

Nota: Parece que Marilyn Monroe escreveu muitas versões em torno deste mesmo tema da vida com dupla direção e da teia de aranha, frágil, por vezes invisível, revelada pelo orvalho e sólida ao vento. É, sobretudo, o caso de um poema que circula na internet e é intitulado "To the weeping willow", "*Ao salgueiro-chorão*": "Estava em pé sob seus ramos / E você floriu, depois, por fim / você me tomou, / e quando o vento golpeou a terra / e a areia, você me tomou. / Mais fina que uma teia de aranha, eu, / mais frágil / mas ela entendeu / e resistiu aos ventos violentos / a vida – você que, em certos momentos / me põe em suas duas direções / mesmo que frequentemente eu permaneça suspensa virada para baixo / enquanto você me puxa para suas duas direções".

Vida –
Eu sou de ambas as suas direções
De alguma forma permanecendo de cabeça para baixo
na maior parte
mas forte como uma teia de aranha no
vento – eu existo mais com a geada fria e cintilante.
Mas os meus raios borbulhantes têm as cores que
vi nas pinturas – ah vida eles
traíram você

Oh damn [illegible]
dead - absolutely [illegible]
[illegible] from here - from
everywhere [illegible]
[illegible] bridges - the Brooklyn
Bridge - [illegible]
But I love [illegible] it seems
[illegible]
[illegible] - So
it might have [illegible] be some other bridge
an ugly one [illegible]
[illegible] - there's some-
thing about [illegible]
[illegible] seen [illegible]

Oh damn I wish that I were
dead – absolutely non existent –
gone away from here – from
everywhere but how would I ~~do it~~
There is always bridges – the Brooklyn
bridge – ~~no not the Brooklyn Bridge~~
~~because~~ But I love that bridge (everything is beautiful from there
and the air is so clean) walking it seems
peaceful ~~there~~ even with all those
cars going crazy underneath. So
it would have to be some other bridge
an ugly one and with no view – except
I ~~particularly~~ like in particular all bridges – there's some-
thing about them and besides ~~these~~ I've
never seen an ugly bridge

Oh droga queria estar
morta – absolutamente inexistente –
desaparecida daqui – de
todos os lugares mas como eu conseguiria
Sempre existem pontes – a Ponte do
Brooklyn
Mas eu amo aquela ponte (tudo é lindo daqui e o
ar é tão puro caminhando) me parece
cheio de paz lá mesmo com todos aqueles
carros enlouquecendo embaixo. Então
teria que ser outra ponte
uma feia e sem vista – exceto
que gosto em particular de todas as pontes – existe algo
nelas e além do mais
nunca vi uma ponte feia

stones on the walk
every [illegible]
I stare down at you
like a horizon —
space is between us beckoning
[illegible] stories up [illegible]
[illegible]
as [illegible] grasp for you

Stones on the walk
every color there is
I stare down at you
like ~~those the~~ a horizon –
the space/the air is between us beckoning
and I am many stories ~~besides~~ up
my feet ~~are~~ frightened
~~from my~~ as I grasp ~~for~~ towards you

Pedras na caminhada
de toda cor que existe
te contemplo
como um horizonte –
o espaço / o ar está entre nós nos chamando
e eu estou muitos andares acima
meus pés assustados
enquanto estendo os braços na sua direção

Only parts of us will ever touch only parts of others — ones own truth is just that really — ones own truth. We can only share the part that is [willing another knowing] acceptable to the other. Therefore so one is for most part alone. That is meant to be in (evidently in) nature — that ~~[illegible]~~ [illegible] [illegible] make our understanding seek the others loneliness out.

Only parts of us will ever
touch ~~only~~ parts of others –
one's own truth is just
that really – one's own truth.
We can only share the
part that is ~~understood by~~ within another's knowing acceptable ~~to~~
~~the other~~ – ~~therefore~~ so one
is for most part alone.
As it is meant to be in
evidently in nature – at best ~~though~~ perhaps it could make
our understanding seek
another's loneliness out.

Apenas partes de nós alguma vez
tocarão partes dos outros –
a verdade de alguém é apenas isso
na realidade – a verdade de alguém.
Podemos apenas compartilhar a
parte que é aceitável dentro do conhecimento do outro
portanto a gente
está quase sempre sozinha.
Como deve ser na
natureza evidentemente – no máximo talvez isso pudesse fazer
nossa compreensão buscar
a solidão de outro.

I can't really stand Human Beings sometimes – I know they all have their problems as I have mine – but I'm really too tired for it. Trying to understand, making allowances, seeing certain things that just weary me.

I can't really stand Human
Beings sometimes – I know
they all have their problems
as I have mine – but I'm really
too tired for it. Trying to understand,
making allowances, seeing certain things
that just weary me.

Não consigo realmente suportar Seres
Humanos às vezes – sei que
todos têm os problemas deles
como eu tenho os meus – mas estou realmente
cansada demais para isso. Tentar entender,
fazer concessões, ver certas coisas
isso simplesmente me esgota.

on Hospital gowns

my bare
[illegible] derrière

is out [illegible]

in the Air

when I'm not aware

aware

several

Handel Concertos

Vivaldi [illegible]

[illegible]

My [illegible]

Last 6 - Beetovean - Gaurtets

Revel - the waltz

Bartok - gaurtets of his

continued on other side

of list of records

On Hospital gowns

My bare
(darrie) derrière
is out ~~the air~~
in the air
when I'm not aware
aware
several
Handel Concertos
Vivaldi Concertos
Benny Goodman

My (pair)

Beethoven
Last 6 – quartets
Ravel – The Waltz
Bartok – quartets of his
continued on other side
of list of records

Em trajes de Hospital

Meu derrière
nu
está exposto
no ar
quando não estou consciente
consciente
vários
Concertos de Handel
Concertos de Vivaldi
Benny Goodman

Meu (par)

Beethoven
Últimos 6 – quartetos
Ravel – A valsa
Bartok – Quartetos dele
continuam do outro lado
da lista de discos

stretch
expansion
open free

Beverly Hills Hotel

keep the cake

It began with a ray tension

Keep the balloon

And

Dare not to worry

Dare to
let go - so loose
Then you pick up
stretch in to your tone

sense of humor

Keeping a giggle inside

let go of
my eyes -
so relaxed
only let
my thoughts
come through
them without
doing any
thing to
them

stretch
expansion
open free

Keep the
rule
To begin
with
a ray
tension

Keep the balloon
And
Dare not to worry
Dare to
let go – so loose
Then you pick up
Stretch into your tone

Sense of humour
Keeping a giggle inside

Let go off my
eyes –
so relaxed
only let
my thought
come through
them without
doing any
thing to
them

alongamento
alargamento
aberto livre

Mantenha o balão
E
Ouse não se preocupar
Ouse abandonar-se – tão solta
Aí você retoma
O relaxamento no seu tom
Senso de humor
Com um risinho interior

Mantenha a regra
Para começar
com uma réstia
de tensão

Abandonar meus olhos
Tão relaxados
Deixar apenas meu pensamento
Ir e vir
Através deles sem
Fazer nada a eles

Marilyn no jardim do Bel Air Hotel, Los Angeles, 1952
Marilyn lendo *Ulisses*, de James Joyce, Long Island, verão de 1955

JAMES
JOYCE
ULYSSES

RECORD

CADERNETA PRETA "RECORD"

INÍCIO DOS ANOS 1950

Como ocorria frequentemente, Marilyn preencheu apenas algumas das páginas dessa caderneta: uma dúzia, entre as 150 que ela continha.
Isso foi feito em épocas claramente diferentes.
As primeiras páginas, com um grito do coração ("Alone!!!"), e, depois, considerações sobre o medo e as sensações que não se convertiam em palavras são provavelmente anotações que ecoam os cursos de teatro, talvez os de Michael Chekhov, que ela começou a fazer em 1951.
Na página 135 da caderneta, encontra-se um texto dilacerante sobre o pânico do qual ela pode ser tomada ao gravar uma cena, com medo de decepcionar todo mundo e o sentimento, profundamente marcante nela, de que, apesar das coisas boas que podia ter feito, a parte negativa era por demais forte para que ela fosse confiante. As palavras são, então, muito fortes: "deprimida, louca".
Na página 146, a inscrição a lápis é a primeira das raras falas de Marilyn em *O segredo das viúvas* (1951), o filme de Joseph M. Newman, em que ela interpreta o papel, ao mesmo tempo secundário e determinante, de Roberta Stevens, a ex-companheira de guerra de Jim Scott, o herói.
As notas das páginas 148 e 149 testemunham uma leitura atenta de um livro sobre o Renascimento florentino, a não ser que se trate de aulas que ela fazia na Universidade de Los Angeles, no outono de 1950. Mas esse exercício quase escolar é envolto em uma narrativa certamente mais antiga que seu reconhecimento como estrela, pois ela aparece viajando em um ônibus lotado. Seria, aliás, o mesmo ônibus em que ela encontra, primeiro, sessenta marinheiros italianos, todos muito simpáticos, no qual, mais tarde, ela cruza com um jovem filipino com perfume envolvente e, por fim, quase é esmagada por um menino de cinco anos que dorme sobre ela, pendendo dos braços de sua jovem mãe, no meio de marinheiros jovens demais para ser tristes?

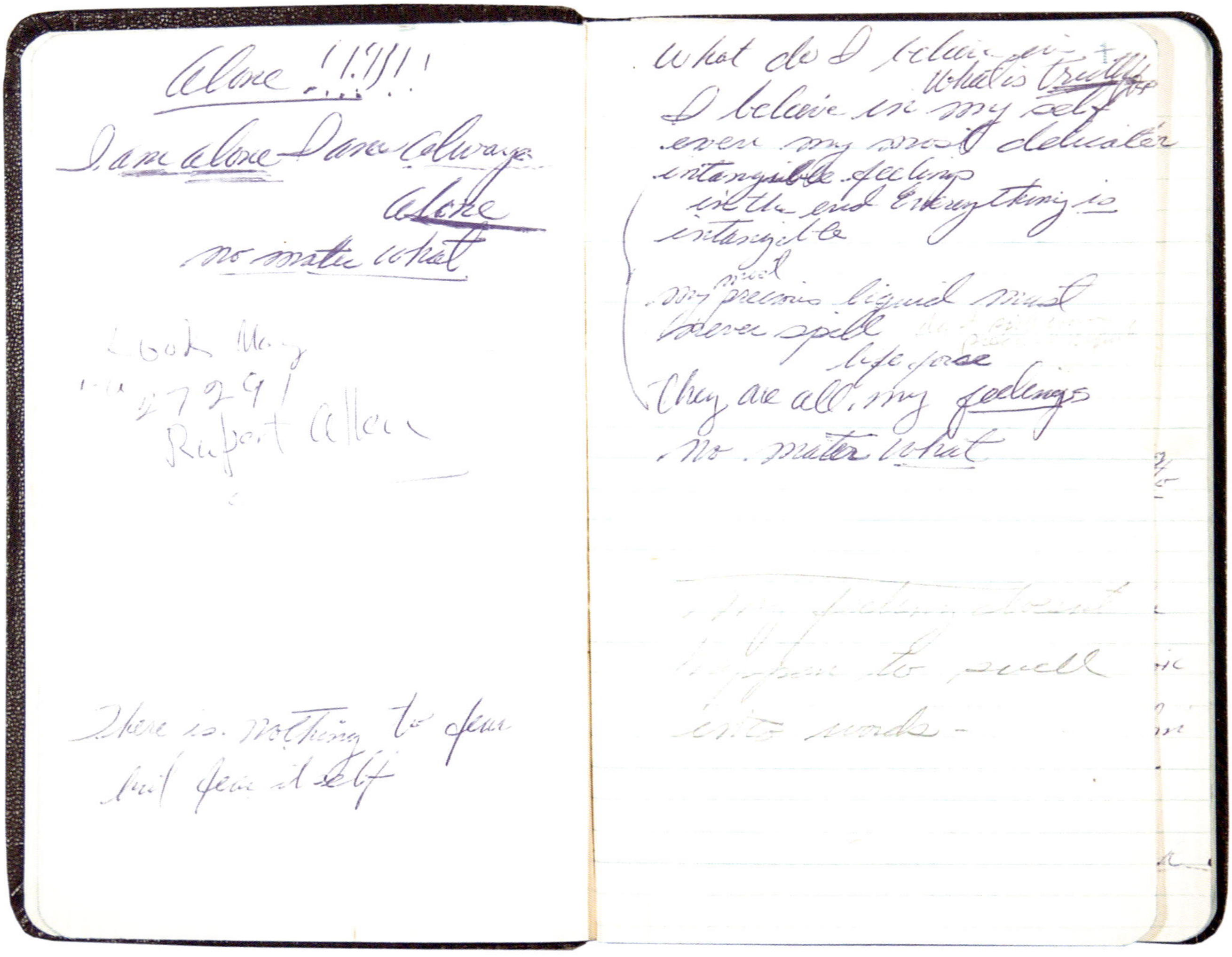
Alone !!!!!!

I am alone I am always alone no matter what

Look Mary
27291
Rupert Allen

There is nothing to fear but fear it self

What do I believe in What is truth
I believe in my self
even my most delicate intangible feelings
in the end Everything is intangible
my precious liquid must never spill
life force
They are all my feelings
no matter what

my feelings about
to spell
into words –

Alone !!!!!
I am alone – I am always
alone
no matter what.

Look Mag.
Hu 27291
Rupert Allan

There is nothing to fear
but fear itself

What do I believe in
What is truth
I believe in myself
even my most delicate
intangible feelings
in the end everything is
intangible
my most precious liquid must
never spill don't spill your precious liquid
life force
they are all my feelings
no matter what.

My feeling doesn't
happen to swell
into words –

Nota: Rupert Allan encontrou Marilyn em 1949. Como responsável pela revista *Look* na Costa Oeste, ele garantiu a primeira capa dela no número publicado em 3 de junho de 1952. A seguir, Rupert Allan tornou-se assessor de imprensa da estrela, até o fim da gravação de *Os desajustados*, quando ele aceitou o convite de Grace Kelly para trabalhar para ela em Mônaco.

Sozinha !!!!!
Eu estou sozinha. Eu estou sempre
sozinha
não importa o que aconteça.

Rev. Look
Hu 27291
Rupert Allan

Não existe nada a temer
exceto o próprio medo.

No que acredito
Ser a verdade
Acredito em mim mesma até nos
meus
sentimentos mais delicados e
intangíveis
no fim tudo é intangível
meu líquido mais precioso não deve
jamais ser derramado
Não derrame seu líquido precioso
Força da vida
Todos são meus sentimentos
Não importa o que aconteça.

Meu sentimento parece que não
consegue caber em palavras.

actress must have … mouth

[illegible]

Nothing must come – between me and my part – my feeling concentration

The feeling only getting rid of everything else

letting go – no looks – face – body only feeling – mind – soul [illegible]

No Attitude

listening to the lady for the feeling.

listen with the eyes

loneliness

Tension

love – having no barriers

letting go of everything

feeling only – All I have to do is think it. How do I hear the melody – the voice springs from emotion

voice – groans and moans – (animals "down to the tongue")

so sick – hums from

with cat – hum – nice kitty …

starts from below my feet

feet – All in my feet

Actress must have no mouth
No feet
shoulder
girdle hangs light
hanging
so-o-o
loose
everything
Focus my thought on
the partner –
Feeling in the end of
my fingers

Nothing must come
between me and my
part – my feeling
concentration
The feeling only getting rid of everything else
my mind speaks
No looks
body only
letting go – face feeling
mind
spirit

No attitude
listening to the body for
the feeling
listen with the eyes
buoyancy
Tension
loose – having no brakes
letting go of everything.
feeling only – all I have to
do is think it.
How do
I hear the melody – the
Tone springs from emotion
Tone – groans and moans – "I'm
(animals – "down to the hogs")
so sick" – hums from
with cat – hum – nice kitty soft.

starts from below my feet
feet – all in my feet.

What is my pantomime playing with
How is my head?

Uma atriz não deve ter boca
Nem pés
os ombros
pendem com leveza
pendentes
tão
soltos
tudo
Focar meu pensamento no parceiro –
Sensação nas pontas dos meus dedos

Nada deve ficar entre mim e meu papel –
meu sentimento – concentração
O sentimento apenas livrando-se de tudo o
mais
minha mente fala
Nada de olhares
corpo apenas
deixar livres – sentir o rosto
mente
espírito

Nenhuma atitude
ouvir o corpo em busca do sentimento
ouça com os olhos
leveza
Tensão
Solta, sem ter freios
desapegando-se de qualquer coisa.
sentimento apenas – tudo o que tenho que
fazer é pensar nisso.
Como ouço a melodia – o
Tom surge da emoção
Tom – gemidos e lamentos – "Estou
(animais – "no nicho")
tão doente" - ronrom do
com gato – ronrom – bom gatinho macio.

começa debaixo dos meus pés
pés – tudo nos meus pés.

Com o que minha pantomima está brincando?
Como está minha cabeça?

transparency

letting go

thinking only

down down in back

pulling up from here

right tension

as if I might never
speak move

transparency.
letting go.
[illegible] down down in back.
only pulling up from here.
right tension stomach

como se eu nunca mais fosse
falar me mexer

transparência.
abandono.
bem bem para baixo atrás
[ilegível] puxando para cima daqui.
somente tensão certa só estômago

Feb [illegible]

[illegible]

[illegible]

[illegible] when I [illegible]

[illegible]

[illegible] any good and [illegible]

[illegible] accident but

the lad is [illegible] to

to carry around and

feel [illegible]

depressed [illegible]

Fear of giving me the lines new
maybe won't be able to learn them
maybe I'll make mistakes
people will either think I'm no good or
laugh or belittle me or think I can't act.
Women looked stern and critical –
unfriendly and cold in general
afraid director won't think I'm any good.
remembering when I couldn't do a god
damn thing.
then trying to build myself up with the
fact that I have done things right that
were even good and have had moments
that were excellent but the bad is heavier
to carry around and feel have no confidence
depressed mad

Medo de me dar as novas falas
talvez eu não seja capaz de aprendê-las
talvez eu cometa erros
as pessoas vão pensar que não sou boa ou vão dar risadas e
me rebaixar ou vão pensar que não consigo atuar.
Mulheres pareceram inflexíveis e críticas –
pouco amigáveis e frias em geral
com receio de que o diretor pense que eu não valho nada.
me lembrando de quando eu não conseguia fazer droga
nenhuma direito.
depois tentando me desenvolver com o fato de que
tenho feito coisas certas que foram até boas e
tenho tido momentos que foram excelentes, mas o ruim
é mais pesado de carregar por aí e sinto que não tenho
confiança
louca deprimida

[illegible]

Caught greyhound
~~[illegible]~~ Bus from Monterey
to Salinas on the
Bus I was the ~~only~~ person
woman with about
fifty italian fishermen
and I've never ~~met~~
sixty such charming gentleman - they
were wonderful. some
company was sending them
down ~~[illegible]~~ where their boats
and fish they hoped I were
waiting for them. some
couldn't hardly speak english
not only do I love Greeks
~~[illegible]~~ but I love Italians -
their warm, lusty and friendly
as hell - I'd love to go to
Italy some day.

Pardon me
are you the janitor's
wife

caught a greyhound
Bus from Monterey
to Salinas. On the
Bus I was the only ~~person~~
woman with about sixty italian fishermen
and I've never met sixty such charming
gentlemen – they were wonderful. Some
company was
sending them
downstate where their boats
and (they hoped) fish were
waiting for them. Some
could hardly speak english
not only do I love Greeks
[illegible] I love Italians.
they're ~~so~~ warm, lusty and friendly
as hell – I d love to go to
Italy someday

Nota: A frase da página 146 da caderneta é uma das raras falas de Marilyn em *O segredo das viúvas* (1951). Isso permite datar essas folhas, ao menos a parte escrita a lápis.
Em fevereiro de 1948, Marilyn vai às cidades de Salinas e de Castroville, na Califórnia, para promover as vendas de diamantes em duas joalherias que pertenciam a Jim e Stan Seedman. Na época, ela se hospeda por uma semana no Hotel Jeffrey, em Salinas.

Com licença
Você é a esposa
do encarregado da limpeza?

Peguei um ônibus Greyhound de Monterey
a Salinas. No ônibus, eu era a única mulher
com cerca de sessenta pescadores
italianos e
nunca conheci sessenta cavalheiros
tão encantadores – eles foram
maravilhosos.
Uma empresa estava enviando-os ao sul
onde seus barcos e (assim
esperavam) seus peixes estavam
esperando-os. Alguns
mal falavam inglês
Não só amo os gregos, mas
amo os italianos
Eles são calorosos, sensuais e amigáveis
até falar chega. Eu adoraria viajar
para a Itália um dia.

proto-type - [illegible] type
Medici 1400 AD-1748

Giovanni di Bicci — first founding Rome

Bronze doors in the
in Florence
used his [illegible] Ghiberti 23 — 1424 perspective
great Architect Brunelleschi 22
Donatello 1386-1466
Masaccio 1401-1428
father of modern art (realistic
poverty careless about his painting)
life except his painting.
Giovanni di Bicci responsible
for him. his work never recognized
until after his death.
The pantheon Temple
Greek philosophy - golden mean
Mother [illegible]
left [illegible] old pope
gave money for temple for Brunelleschi
elected him Signoria
Gonfaloniere (governing body)
(gold)

Grandes [illegible]

Giovanni di Bicci
† 1428

Cosimo - (Pater Patriae) — Lorenzo
1424 - first Public library

Piero — Giovanni
Lorenzo (the Magnificent) — Giuliano

Machiavelli
1469-1527
Botticelli

Damn near broke my back
and [illegible]
trying to sleep [illegible]
[illegible]

[illegible] my seat when a
[illegible] left [illegible] the
only empty seat [illegible]
I left mine [illegible] the
girl could sit her [illegible]
down and I took the
other seat. It was next
to a philipino boy and
he smelled good like
~~[illegible]~~ flowers

Medici 1400 AD - 1748
Prototype first type
Giovanni di Bicci first foundling home
Bronze doors in the baptistery
in Florence 1424
Ghiberti 23 perspective
used his great architect Brunelleschi 22
Donatello 1386-1466
Masaccio 1401-1428
father of modern art (reality
poverty careless about his painting)
life except his painting –
Giovanni di Bicci responsible
for him. His work never recognized
until after his death.
The Pantheon – temple
Greek philosophy – golden mean
(neither too big – or too small)
kept ousted old pope
gave money for temples for Brunelleschi
elected him Signoria
Gonfaloniere (governing body)
(pres)

Grande – robles
Giovanni di Bicci † 1428

Cosimo (Pater Patriae) Lorenzo
1424 – first public library

Piero Giovanni

Lorenzo Giuliano
(the magnificent)

Macchiavelli (1469 -1527)
Botticelli

Damn near broke my back
and dislocated my neck trying not to
sleep all over the philippine boy
Moved my seat when a
[illegible] left the bus –
the only empty seat so I left mine ~~for~~ so the
girl could sit her kid down and I took the
other seat. It was next to a philippine boy
and he smelled good like flowers.

Medici 1400 AD – 1748
Protótipo primeiro tipo
Giovanni di Bicci primeiro lar da criança abandonada
Portas de bronze no batistério
em Florença 1424
Ghiberti 23 perspectiva
usou seu grande arquiteto Brunelleschi 22
Donatello 1386-1466
Masaccio 1401-1428
pai da arte moderna (realidade pobreza
descuidado com sua pintura)
vida exceto sua pintura –
Giovanni di Bicci responsável por ele.
Seu trabalho nunca reconhecido até após sua morte.
O Panteão – templo
Filosofia grega – razão áurea
(nem grande demais – nem pequena demais
baniu o velho papa
deu dinheiro para templos pois Brunelleschi
o elegeu Signoria
Gonfaloniere (corpo governante)
(pres)

Grandes – nobres
Giovanni di Bicci † 1428

Cosimo (Pater Patriae) Lorenzo
1424 – primeira biblioteca pública

Pierro Giovanni

Lorenzo (o magnífico) Giuliano

Macchiavelli (1469-1521)
Botticelli

Droga quase quebrei minha coluna
e desloquei meu pescoço tentando não
dormir em cima do menino filipino
Mudei de assento quando alguém deixou o
ônibus – o único assento vago então saí
para a garota poder sentar seu filho e eu
peguei um outro assento. Era ao lado de um
menino filipino e ele tinha cheiro de flores.

~~pre~~ Feb 24 [illegible]

I saw a lot of lonely young sailors they ~~who~~ looked too young to be so sad.

they ~~looked like slender~~ young trees still growing

rude Girl next to me for a while she was younger than I with a kid about five that she held as if he were six months - the seats were so small & crowded especially when the people in front of you push the button for the chairs to recline I slept all over the kid next to me and the kid slept all over me. It was pretty hot except drafty around the windows

and made my ~~throat~~ neck ache

Feb 24 New-Yorker

I saw a lot of lonely young
sailors who/they looked too
young to be so sad.
They ~~looked like slender~~ reminded me of
young slender trees still
growing & painful

ride —girl next to me for a while she was
younger than I with a kid about five that
she held as if he were six months - the
seats were so small and crowded es
pecially when the people in front of you
push the button for the chairs to recline
I slept all over the kid next to me and
the kid slept all over me. It was really hot
except drafty around the window
and made my throat/neck ache

24 Fev Nova-iorquino

Vi muitos jovens marinheiros solitários
que pareciam jovens demais para estar
tão tristes. Eles me fizeram lembrar de
jovens árvores elegantes ainda
em crescimento e dolorosas.

carona – a menina do meu lado por um tempo
era mais jovem que eu com uma
criança de cerca de cinco anos que ela segurava
como se tivesse seis meses – os assentos
eram tão pequenos e cheios principalmente
quando as pessoas na sua frente
apertam o botão nas cadeiras para reclinar
eu dormi em cima
do menino ao meu lado e o menino dormiu pratica-
mente em cima de mim.
Fazia bastante calor exceto nas correntes
de ar perto da janela que fizeram minha
garganta / meu pescoço doerem

Marilyn com um livro sobre Goya, por volta de 1953
Marilyn contemplando uma escultura de Degas, Los Angeles, 1956

RECORD

OUTRA CADERNETA PRETA "RECORD"

POR VOLTA DE 1955

Com capa mais lisa do que a anterior, essa caderneta preta tem anotações apenas nas páginas iniciais; o bloco das páginas 3 e 4 desapareceu, seja porque Marilyn o arrancou ao escrever, seja porque o retirou quando da releitura.

Aparentemente, esse conjunto de notas, ao mesmo tempo coerente e quase contínuo, data do início da experiência com Lee Strasberg, por volta de 1955. Um esforço de introspecção é realizado pela estrela, que retorna à sua infância e aos medos que daí a marcaram por muito tempo. Encontramos a tia Ida Martin, cujas convicções de cristã evangélica a levavam a praticar uma educação baseada na culpa.

Não ter mais vergonha do que se é e do que se deseja, tal é, doravante, a questão para Marilyn, que realiza, por meio do ofício de atriz, um velho sonho de infância.

Pode-se supor, também, que ela acabava de começar uma psicanálise, pois ela sublinha a tendência do inconsciente a esquecer ou a reprimir, e contra isso ela quer agir por meio de uma rememoração para se assumir plenamente. O trabalho é vivenciado como uma liberação das constrições e dos entraves do passado, e essas folhas podem ser lidas como um esboço de autoanálise, ao mesmo tempo apaixonante e emocionante.

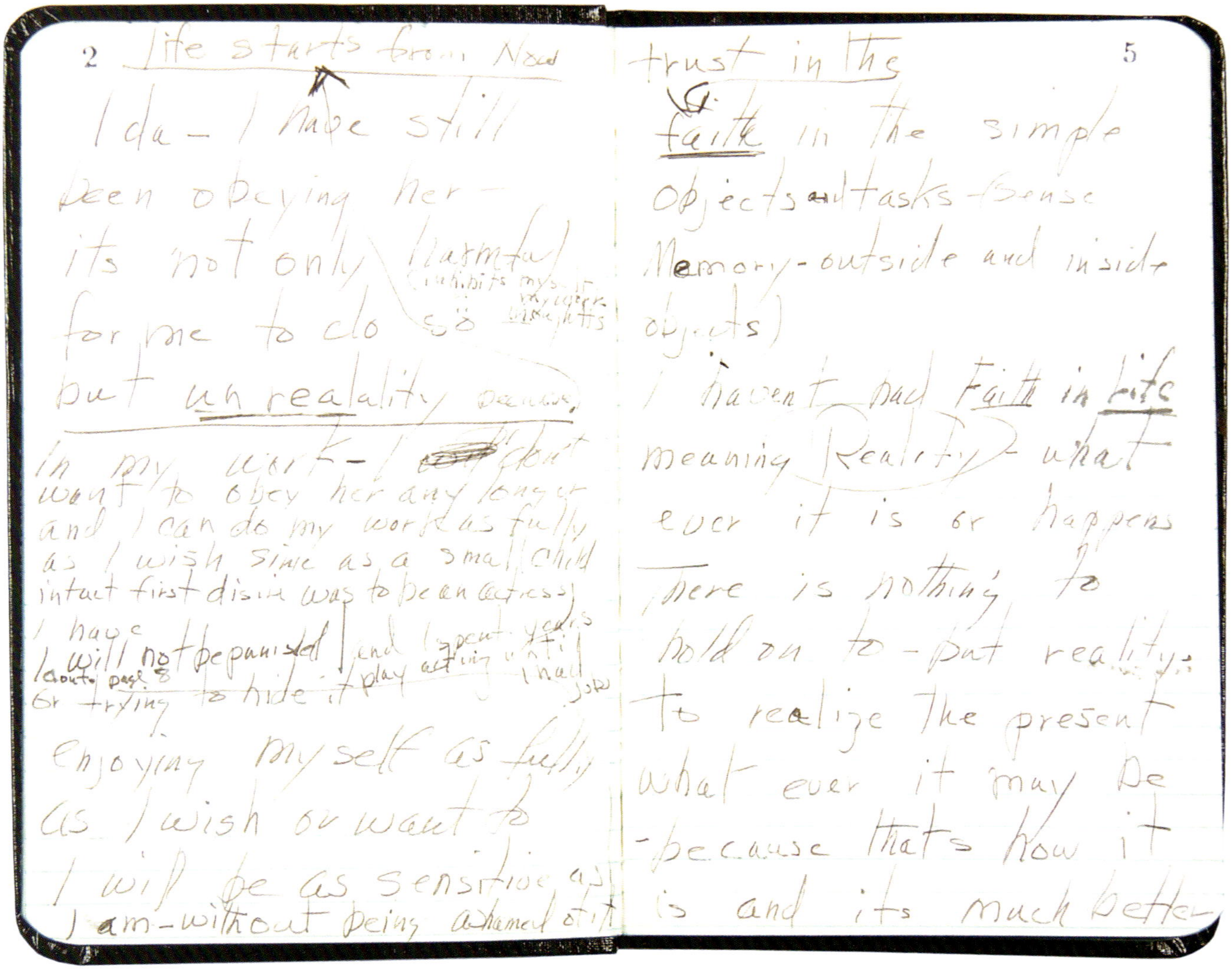
2
Life starts from Now
Ida — I have still
been obeying her —
its not only harmful (inhibits myself my concentration — my gifts)
for me to do so
but unreality because
in my work — I don't
want to obey her any longer
and I can do my work as fully
as I wish since as a small child
in fact first desire was to be an actress)
I have and I spent years
play acting until I shall
I will not be punished (cont. page 8)
or trying to hide it
enjoying myself as fully
as I wish or want to
I will be as sensitive as
I am — without being ashamed of it
5
trust in the
faith in the simple
objects and tasks (Sense
Memory — outside and inside
objects)
I haven't had Faith in Life
meaning Reality — what
ever it is or happens
There is nothing to
hold on to — but reality:
to realize the present
what ever it may be
— because thats how it
is and its much better

life starts from now

Ida – I have still
been obeying her –
it's not only harmful
for me to do so
but unreality [sic] because

(inhibits myself
inhibits my work
inhibits thoughts)

In my work – I don't
want to obey her any longer
and I can do my work as fully
as I wish since as a small child
intact first desire was to be an actress
and I spent years
play acting until I had jobs
I have
I will not be punished
cont. page 8
or trying to hide it
enjoying myself as fully
as I wish or want to
I will be as sensitive as
I am – without being ashamed of it

trust in the
faith in the simple
objects and tasks – (sense
memory – outside and inside
objects)
I haven't had Faith in Life
meaning Reality – what
ever it is or happens
There is nothing to
hold on to – but reality
to realize the present
what ever it may be
– because that's how it
is and it's much better >>>

Nota: Ida Martin é uma das duas tias Ida (junto com Ida Bolender) da infância de Marilyn. Norma Jeane viveu na casa dessa tia avó de novembro de 1937 a agosto de 1938, em Compton (Califórnia). Visivelmente, sua ideia de educação passava muito pela culpa.

a vida começa a partir de agora
Ida — ainda venho
obedecendo a ela —
não é apenas prejudicial
para mim fazê-lo
mas irrealidade porque

(isso me inibe
inibe meu trabalho
inibe pensamentos)

No meu trabalho — não
quero obedecer-lhe mais
e poderei realizar meu trabalho tão
plenamente
como desejei desde pequena
o meu primeiro desejo intacto foi de ser atriz
eu tenho
Não serei punida e passei anos
Cont. página 8
atuando em peças até que tivesse trabalhos
ou tentando esconder
me divertindo tanto
quando desejo ou quero
Serei tão sensível quanto
sou — sem me envergonhar disso

confiança na
fé nos objetos e nas tarefas
simples — (sinta a
memória — fora e dentro de
objetos)
Não tive Fé na Vida
quer dizer Realidade — o que
quer que seja ou aconteça
Não há nada em que se
segurar — exceto a realidade
de realizar o presente
seja lá o que ele for
— porque é assim que
é e é muito melhor >>>

6

to know Reality (or things as they are than ~~to have~~ not to know and to have few illusions as possible

7

Train my will now

>>> to know reality ~~f~~or
things as they are than
~~to have~~ not to know
and to have few
illusions as possible –

Train my will now

>>> é melhor conhecer a realidade ou
as coisas como são
que não conhecer
e é bom ter o mínimo
possível de ilusões —

Treinar minha vontade agora

8

working (doing my tasks that I
have set for myself
on the stage – I will
not be punished for it
or be whipped
" " threatened
or not be loved
or sent to hell to burn with bad people
feeling that I am also bad.
or be afraid of my genitals being
or ashamed exposed known and seen –
or ashamed of my sensitive feelings – they are reality so what! or colors or screaming or doing nothing
I do have feeling
very strongly sexed feeling
since a small child – think of
all the things I felt then

9

I do know ways people
act unconventually – mainly
myself. – do not be afraid of
my sensitivity or to use it – for I
think + will chanel it – crazy thoughts too (idiotic as they seem)
I want to do my scene or exercise
as sincerely as I
can knowing and showing
how I know it is also – no
matter – what they might
think – or judge from it

working (doing my tasks that I
have set for myself)
On the stage – I will
not be punished for it
or be whipped
or be threatened
or not be loved
or sent to hell to burn with bad people
~~or~~ feeling that I am also bad
or be afraid or ashamed of my genitals
being exposed known and seen
so what
or colours or screaming or doing
nothing
or ashamed of my sensitive feelings –
they are reality
and I do have feeling
very strongly sexed feeling
since a small child – (think of all the
things I felt then

I do know ways people
act unconventionally – mainly
myself – do not be afraid of
my sensitivity or to use it – for I
can & will channel it + crazy thoughts too
I want to do my scene or exercises
([illegible] idiotic as they seem)
as sincerely as ~~possible~~ I
can knowing and showing
how I know it is also – no
matter – what they might
think – or judge from it

Trabalhando (realizando minhas tarefas que
determinei para mim mesma)
No palco — não serei
punida por isso
nem chicoteada
nem ameaçada
nem não amada
nem enviada para o inferno para queimar
com pessoas más
sentindo que também sou má
nem terei medo dos meus genitais
expostos, percebidos e vistos
nem acanhada
nem envergonhada das minhas emoções
sensíveis — elas são a realidade
exposta conhecida e vista
ou cores ou gritos ou fazer
nada
o que é que tem
se tenho sentimento
sentimento muito fortemente sexual
desde pequena (penso em todas as coisas
que senti na época

Sei sim das maneiras como as pessoas
agem fora das convenções — especialmente
eu — não tenha medo da
minha sensibilidade nem de usá-la — pois eu
posso e vou canalizá-la e os pensamentos
loucos também
Quero fazer minha cena ou exercícios
(por mais idiotas que pareçam)
o mais sinceramente possível que eu
puder saber e mostrar
como sei que também é — não
importa — o que eles possam
pensar — ou julgar a partir disso

I can and will help
my self and work on
things analitically no
matter how painful – if I
forget things (the unconcise wants to
forget – I will only try to remember)
Discipline – Concentration

my body is my body
every part of it.

I can and will help
myself and work on
things analytically no
matter how painful – if I
forget things (the unconscious
wants to
forget – I will only try to remember)
Discipline – Concentration

my body is my body
every part of it.

posso e vou me
ajudar e trabalharei nas
coisas analiticamente não
importa quanto doa — se eu
esquecer coisas (o inconsciente quer
esquecer — apenas tentarei
me lembrar)
Disciplina — Concentração

meu corpo é meu corpo
cada parte dele.

12

feel what I feel
within myself – that is
become aware of it, trying to
also what I feel in others
not being ashamed of my
feelings, thoughts or ideas

13

realize the thing that
they are –

feel what I feel
within myself – that is trying to
become aware of it
also what I feel in others
not being ashamed of my
feeling, thoughts – or ideas

realize the thing <u>that</u>
they are –

sentir o que eu mesma sinto
dentro de mim — isso é tentar
ficar consciente disso
também o que sinto nos outros
sem sentir vergonha dos meus
sentimentos, pensamentos —
ou ideias

perceba aquilo que
eles são

when I start to feel sudenly depressed what does it come from (in reality) trace incidents. maybe to ex past time - feeling guilty?

realize all the sensitivity asspects. not being ashamed of what ever I feel (don't dismiss this lightly either)

not regretting saying what I've said if it is really true to me

even when it is not under stood - don't even try to convince anyone to much as to why - unless I really want to - or really feel it.

tension - where do I feel it. be aware of it - where do I think it comes from

conciously make effort to relax brows temples area around mouth.

Check collapsed shoulders jaws { hanging loose }

make effort to be aware - like when feeling sick - try to stop chain reaction before it gets started if it does start - dont worry realize it be aware of it conciously making the effort

When I start to
feel suddenly depressed
what does it come from
(in reality) trace incidents
maybe to
ex past time – feeling guilty?
realize all the sensitivity
aspects. not being ashamed
of whatever I feel
don't dismiss
this lightly either
not regretting saying
what I've said if it
is really true to me
even when it is not
understood – (don't even
try to convince anyone too
much as to why – unless I
really want to – or really feel it.

tension – where do
I feel it be aware of it what/where do I
think it comes from
Consciously make effort to relax brows
temples
area around mouth.

	collapse		
cheek	shoulders	}	hanging
	jaws		loose

make effort to be
aware – like when feeling
sick – try to stop chain reaction
before it gets started if
it does start – don't worry
realize it be aware of it
consciously making the effort

>>>

Quando começo a
de repente me sentir deprimida
de onde vem isso
(na realidade) talvez traçar incidentes
do tempo passado — sentindo-me
culpada?
perceba todos os aspectos
sensíveis. sem sentir vergonha
de qualquer coisa que sinta
não deixar isso
passar fácil tampouco
não me arrependendo de dizer
o que eu disse se isso
é realmente verdade para mim
mesmo que não seja
compreendida — (não tente nem mesmo
convencer alguém demais
do porquê — a não ser que
realmente queira — ou realmente sinta.

tensão — onde
sinto fique consciente dela o que/onde
eu penso. Isso vem do
fazer conscientemente esforço para
relaxar as sobrancelhas
têmporas
área ao redor da boca.

	colapso		
bochecha	ombros	}	pendurados
	mandíbulas		soltas

fazer esforço para ser
consciente — como quando se sente
doente — tente parar a reação em cadeia
antes de ela começar se
ela começar — não se preocupe
perceba isso fique consciente disso
fazendo o esforço conscientemente

>>>

16

having a sense of myself.

17

>>> having a sense of myself

>>> tendo uma percepção de mim mesma

Marilyn lendo *Para o ator*, de Michael Chekhov, Nova York, 1955
Marilyn escrevendo em sua casa, maio de 1953

PAPEL TIMBRADO DO WALDORF-ASTORIA

1955

Quando é, finalmente, reconhecida pela elite hollywoodiana reunida em uma festa em sua homenagem, em 6 de novembro de 1954, no Romanoff de Beverly Hills, oferecida por Charles Feldman, o produtor de *O pecado mora ao lado*, Marilyn decide deixar a Costa Oeste para se instalar em Nova York e aí fundar uma companhia, a Marilyn Monroe Productions, com Milton Greene. É um formidável desafio aos todo-poderosos estúdios e um gesto histórico que jamais será perdoado.

A partir de então, sua vida balançará entre as duas costas dos Estados Unidos, como um combate entre a imagem hollywoodiana e a aspiração a uma construção cultural e artística à qual o Actors Studio e seus conhecidos de Nova York lhe dão a possibilidade.

Após algumas semanas passadas no Gladstone Hotel, ela se instala por vários meses no Waldorf-Astoria, entre abril e setembro de 1955, em uma suíte de três ambientes, no 27º andar.

A série de documentos a seguir foi redigida no papel timbrado do prestigioso hotel. Aí se encontram um longo poema em prosa, a narrativa de um sonho, quase como um pesadelo e cheio de surpresas (a começar pela transformação de seu professor de teatro em cirurgião), considerações e notas sobre as sugestões de Lee Strasberg (cujo nome ela escreve com dois "s"), quando dos cursos que ela segue no Actors Studio, um projeto de carta a "Claude" e uma lista de frases que são títulos de canções.

Alguns desses documentos têm um caráter descontínuo, e os encadeamentos propostos pelo editor entre os blocos de texto escritos em várias direções são submetidos à apreciação do leitor.

To sad, sweet trees –
I wish for you – rest
but you must be wakeful

What was that now –
Just a moment ago –
From it was mine and
now its gone – like the
swift movement of a moment
gone
maybe I'll remember
because it felt
as though it
Started to be ~~under~~ ~~-ful~~ mine

The Towers of
THE WALDORF-ASTORIA
NEW YORK
ELDORADO 5-3100

So many
lights in the darkness
making skeletons of Buildings
and life in the streets
What ~~were~~
~~The things~~ I thought about only yesterday
in
~~down~~ in the streets?
~~Now~~ Seem so far away ~~...~~
and ~~a~~ moon ~~so full~~ and dark
Its better ~~...~~ as a child what it was
For I could not guess it or understand it
now –
noises ~~from~~ of impatience from cab drivers always driving who
must drive – Hot, dusty, ~~...~~ icy streets so they
can eat, and perhaps save for a vacation, in which they
~~...~~ can drive their wives all the way across the
country to see her relatives.
the part of the river made of the pepsi-cola – part – thank god for the part.
~~Y~~et I am not looking at these things
I'm looking at my lover

Then the river –
The part made of
pepsi cola –

Sad, sweet trees –
I wish for you – rest
but you must be wakeful

What was that now –
just a moment ago –
from it was mine and
now it's gone – like the
swift movement of a moment
gone –
maybe I'll remember
because it felt
as though it
started to be ~~wonderful~~
~~only~~ mine.

Sooooo many lights in the darkness
making skeletons of buildings
and life in the streets
~~The things~~ What ~~were~~ was it I thought about yesterday ~~down~~ in the streets?
It ~~now~~ seems so far away ~~up here~~ long ago and moon ~~so full and dark~~.
It's better ~~I learned~~ they told me as a child what it was
for I could not ~~guess it~~ ~~or~~ understand it now.
Noises ~~from~~ of impatience from cab drivers always driving who must drive – hot,
dusty, ~~snowing~~ icy streets so they can eat, and perhaps save for a vacation, in which they ~~will~~
can drive their wives all the way across the country to see her relatives.
Then the river — the part made of pepsi cola – the park – thank god for the park.
Yet I am not looking at these things
I'm looking for my lover.
It's good they told me what the moon was when I was a child. >>>

Árvores tristes e doces – desejo a vocês – descanso, mas vocês têm que se manter despertas

O que foi isso agora – apenas um momento atrás – era meu e agora se foi – como o movimento rápido de um momento que se foi – talvez vou lembrar porque parecia que ele começava a ser meu.

Tantas luzes na escuridão formando esqueletos de edifícios e vida nas ruas
Sobre o que eu pensei ontem nas ruas?
Isso agora parece tão distante, tanto tempo atrás e lua tão cheia.
É melhor terem me explicado o que ela é quando eu era criança porque não consigo entender agora.
Barulhos da impaciência de motoristas de táxi sempre levando quem devem levar – ruas calorentas, empoeiradas, com gelo para que possam comer, e quem sabe economizar para umas férias, durante as quais eles podem dirigir levando a esposa pelo país para ver os parentes dela.
Depois o rio — a parte feita de pepsi – o parque – graças a Deus pelo parque.
Ainda assim não estou olhando para essas coisas, estou procurando meu amor.
É bom que tenham me contado o que era a lua quando eu era criança.
>>>

That silent ~~stirring~~ river which stirs
and swells itself with what ever passes over it
wind, rain, great ships
I love the river — ~~its~~ its never unmoved
by any thing
Its quite [illegible]
And the silence is alone
except for thunderous [illegible] of things [illegible] distant drums very present
but for the screams
and the whistles [illegible]
sharp sounds and [illegible] and then suddenly hushed
to moans beyond sadness — terror beyond
fear
The [illegible] and too [illegible] yet to be known
The [illegible] that

And [illegible]
of [illegible]

loneliness — be still

You must suffer —
~~to loose your dark golden~~
when your covering of
even dead leaves leave you
strong and Naked
you must be
[illegible] looking dead
straight through being
with [illegible]

>>> That silent ~~stirring~~ river which stirs
and swells itself with whatever passes over it
wind, rain, great ships.
I love the river – ~~it is~~ never unmoved
by anything.
It's quiet now
And the silence is alone
except for the thunderous rumbling of things unknown
distant drums very present
but for the piercing of screems
and the whispers of things
sharp sounds and then suddenly hushed
to moans beyond sadness – terror beyond
fear.
The cry of things dim and too young to be known yet
The sobs of life itself

You must suffer –
to loose your dark golden
when your covering of
even dead leaves leave you
strong and naked
you must be –
alive – when looking dead
straight though bent
with wind

And bear the pain & the joy
of newness on your limbs

Loneliness – be still

>>>

Aquele rio silencioso que se move e se avoluma com o que quer que passe sobre ele
vento, chuva, grandes navios.
Amo o rio – nunca deixa de se mover por nada.
Está quieto agora
E o silêncio está sozinho exceto pelo estrondo ressonante de coisas desconhecidas e de sons agudos e da estridência de gritos, tambores distantes muito presentes e o sussurro de coisas e então de repente silenciadas a lamentos além da tristeza – terror além do medo.
O choro de coisas turvas e jovens demais para serem já conhecidas
O soluçar da própria vida

É preciso sofrer – para soltar seu dourado escuro quando sua cobertura de até mesmo folhas mortas a deixar.
forte e nua você deve estar – viva – quando parecer morta acabada apesar de dobrada a favor do vento

E suportar a dor e a alegria do novo nos seus membros

Solidão – fique quieta

(1)

make no more promises as-if-possible — explanations — Anne Karger — Regarding

after this make no tie commitments or engagements to tie myself down to save in future — not being able to keep them and mostly to avoid feeling guilty which is now the case

The Towers of
THE WALDORF-ASTORIA
NEW YORK
ELDORADO 5-3100

Surgeon — [illegible] reopen — Dr. H.

has promised me [illegible] give me a notice [illegible]

[illegible] he diagnosed the case and agrees with what has to be done — an operation — to bring myself back to life and to cure me of this terrible dis-ease whatever the hell it is —

Arthur is the only one waiting in the outer room — waiting & trying everything successful for many reasons — for myself — for his play and for himself indirectly.

Hedda — Rosten — keeps calling on phone during operation — Norman keeps stopping by hospital to see if he's okay — mostly to comfort Art who is so worried.

Milton calls from his office with lots of room and everything in good taste. And is conducting business in a new way with style — and music is playing and he is relaxed and enjoying himself even if he is very worried at the same time — there's a camera on his desk but he doesn't take pictures anymore except of great paintings.

Strasberg cuts me open after Dr. H gives me

Best finest surgeon – Strasberg
~~waits~~ to cut me open which I don't mind since Dr. H
has prepared me – given me anaesthetic
and has also diagnosed the case and
agrees with what has to be done –
an operation – to bring myself back to
life and to cure me of this terrible dis-ease
whatever the hell it is –
Arthur is the only one waiting in the outer
room – worrying and hoping operation successful
for many reasons – for myself – for his play and
for himself indirectly
Hedda – concerned – keeps calling on phone during
operation – Norman – keeps stopping by hospital to
see if I'm okay but mostly to comfort Art
who is so worried –
Milton calls from big office with lots of room
and everything in good taste – and is conducting
business in a new way with style – and music
is playing and he is relaxed and enjoying himself even if he
is very worried at the same time – there's a camera
on his desk but he doesn't take pictures anymore except
of great paintings.
Strasberg cuts me open after Dr. H gives me

>>>

Make no more promises
make no more
explanations – if possible.
Regarding Anne Karger
after this make no
commitments or tie
myself down to engagements
in future – to save
not being able to keep
them and mostly to
avoid feeling guilty
which is now the
case.

Nota: Anne Karger é a mãe do suposto primeiro verdadeiro amor de Marilyn, Fred Karger: ela o conheceu em 1948 como instrutor de voz na Columbia. Por toda sua vida, ela guardou boas relações com Anne.
Dr. H designa a dra. Margaret Hohenberg (ver página 227).
Hedda Rosten, uma amiga próxima de Marilyn desde 1955, será sua assistente por um período. Norman é o marido de Hedda.
Art é o diminutivo de Arthur (Miller).
Milton Greene fez numerosas fotos de Marilyn antes de se tornar seu sócio.

Não faça mais promessas
Não dê mais explicações – se possível.
A respeito de Anne Karger depois disso não assuma mais compromissos ou me comprometa a noivados no futuro – para evitar não poder manter a palavra e principalmente evitar me sentir culpada o que agora é o caso.

O melhor cirurgião de todos – Strassberg deve abrir meu corpo, o que não me incomoda já que a Dra. H me preparou – dando anestesia – e também diagnosticou o caso e concorda com o que deve ser feito – uma operação – para me trazer de volta à vida e me curar desta doença terrível seja lá o que for – Arthur é o único esperando na sala do lado de fora – preocupado e esperançoso por uma operação de sucesso por muitas razões – por mim – pela sua peça e por ele indiretamente.
Hedda – preocupada – fica ligando do telefone durante a operação – Norman – fica passando no hospital para ver se estou OK mas principalmente para confortar Art que está tão preocupado.
Milton liga do escritório grande cheio de salas e tudo de bom gosto – e está conduzindo os negócios de um jeito novo com estilo – e música está tocando e ele está relaxado e curtindo mesmo que ele esteja muito preocupado ao mesmo tempo – há uma câmera na sua mesa mas ele não faz mais imagens exceto de grandes pinturas.
Strassberg me abre com seu bisturi depois de a Dra. H me dar

>>>

The Towers of
THE WALDORF-ASTORIA
NEW YORK
ELDORADO 5-3100

for D. H. — tell about that dream of the horrible repulsive man who is trying to lean to close to me in the elevator — and my panic and then my thoughts all despising him — don't that means he even looks like he has a venera dissese I'm affected to him

Cousin[illegible] and tries in a medical way to comfort me — everything in the room [illegible] intact I can't even see anyone just all the objects —

They cut me open — [illegible] Hohenberg's [illegible] and there is absolutely nothing there — Strasberg is deeply disappointed but more so academically amazed that he had made such a mistake. He thought there was going to be so much — more than he had ever dreamed possible he almost anyone but instead there was absolutely nothing — devoid of every human living feeling thing — the only thing that came out was so finely cut sawdust — like out of a raggedy ann doll — and the sawdust spills all over the floor & table and Dr. H. is puzzled because suddenly she realizes that this is a new type case — the (pupil — or student — I started to write) patient existing of complete emptiness Strasberg's dreams & hopes for theater are fallen D. H's ——— dreams and hopes for a permanent psychiatric cure is given up — Arthur is disappointed — let down +

For Dr H.
tell about that
dream of the horrible
repulsive man – who is trying to
lean too close to me in
elevator – and my panic
and then all my thought
despising him – does that mean
I'm attached
to him

He even looks
like he has
a venereal
disease.

>>> anesthesia and tries in a medical way to comfort
me – everything in the room is white in fact I
can't even see anyone just white objects –
they cut me open – Strasberg with Hohenberg's ass.
and there is absolutely nothing there – Strasberg is
deeply disappointed but more even – academically amazed
that he had made such a mistake. He thought there was going
to be so much – more than he had ever dreamed possible in
almost anyone but
instead there was absolutely nothing – devoid of
every human living feeling thing – the only thing
that came out was so finely cut sawdust – like
out of a raggedy ann doll – and the sawdust spills
all over the floor & table and Dr. H is puzzled
because suddenly she realizes that this is a
new type case ~~of puple~~. The patient (pupil – or student – I started to write) existing
of complete emptiness
Strasberg's dreams & hopes for theater are fallen.
Dr. H's dreams and hopes for a permanent psychiatric cure
is given up – Arthur is disappointed – let down +

Para a Dra. H. falar sobre aquele sonho com o homem horrível e repulsivo – que está tentando chegar perto demais de mim no elevador – e meu pânico e logo depois todo meu pensamento o desprezando – perguntar se isso significa que estou apegada a ele

Ele parece até que tem uma doença venérea.

>>> anestesia e tenta de um jeito médico me confortar – tudo no quarto é branco de fato não posso nem ver ninguém apenas objetos brancos – eles me abrem – Strassberg com a ajuda de Hohenberg e não há absolutamente nada lá – Strassberg está profundamente desapontado mas ainda assim – academicamente impressionado que ele tenha cometido um erro desses. Ele pensou que haveria tanta coisa – mais do que ele tinha sonhado possível em quase todo mundo mas ao invés disso não havia absolutamente nada – desprovida de todo sentimento humano vivo – a única coisa que saiu foi uma serragem finíssima – como de uma boneca de pano – e a serragem se espalha pelo chão e pela mesa e a Dra. H está confusa porque de repente ela percebe que este é um novo caso. A paciente (tinha começado a escrever aluna – ou estudante) feita de vazio completo os sonhos e as esperanças de Strassberg para o teatro estão acabados. os sonhos & esperanças da Dra. H de uma cura psiquiátrica permanente foram abandonados – Arthur está desapontado – ainda + desapontado

The Towers of

THE WALDORF-ASTORIA

NEW YORK

ELDORADO 5-3100

~~Dear Art,~~

~~Avoid overwork - keep well~~

most people in This country
take it the opposite way you
do and that's why (partly I put that in) some people
you know admire you - just for
That

but your generosity
would not be the same
if your didnt have these
fearful misgivings - which
from your) examples (past) you
learned but technically you will be

Why did it
mean so much to
me when after all that
crying sobbing on
stage – he said when
I was kind of

I want you all to know
that this exercise went on for
½ hour and her concentration did not
give way or slip once – and Marilyn there
will be very few times ever on the
stage where it will be
necessary to keep
such a concentration
for one half hour
straight.

~~Dear Art,~~
~~Don't overwork – keep well~~

reaction (– I'm always afraid when someone praises me it's even
worse in its own peculiar way in that particular way it makes me
suffer with such misgivings) – that the whole thing is an
accident even probably it wasn't me at all

everyone has violence in themselves. I am violent.

most people in this country
take it the opposite way you
do and that's why (partly I put that in) some people
you know admire you – just for
that

but your sensitivity
would not be the same
if you didn't have these
fearful misgivings? – which
from your experience (past) you've reacted but
technically you will be
able to <u>handle</u> it
not get rid of it
without dangerous effects

(turning your fear against yourself)
into just fear and acting only
from that – fear and fear alone
Remember – technical things <u>can</u>
to be done – to deal with
your sensitivity to turn
it from fear into the
proper channels – which is (means)
dealing with fear, not running
away either and not waste
time with it.

~~Querido Art,~~
~~Não trabalhe excessivamente – fique bem~~

Quero que todos vocês saibam que este exercício durou meia hora e a concentração dela não fraquejou ou saiu do foco uma vez sequer – e a Marilyn lá estará pouquíssimas vezes na vida no palco onde será necessário manter tanta concentração durante meia hora direto.

Por que significou tanto para mim quando após todo aquele choro soluçante no palco – ele disse quando eu era como que o contrário do que a maioria das pessoas desse país pensa e é por isso (em parte, eu acrescento) que as pessoas que você conhece admiram você – exatamente por isso mas sua sensibilidade não seria a mesma se você não tivesse essas apreensões terríveis – às quais você reagiu a partir de sua experiência (passada) mas será tecnicamente capaz de <u>lidar</u> com isso mas não de se livrar disso sem efeitos perigosos (virar o medo contra si mesmo) até que seja apenas medo e atuar só a partir disso – medo e só medo.
Lembre-se – coisas técnicas <u>podem</u> ser feitas – para lidar com sua sensibilidade, para transformá-la do medo em canais apropriados – o que (significa) lidar com o medo, não correndo dele contudo e não perder tempo com ele.

reação – (Sempre fico com medo quando alguém me elogia porque estranhamente isso me faz sofrer e provoca novas apreensões) – que tudo isso seja um acidente e nem seja eu provavelmente. Todo mundo tem violência em si. Eu sou violenta.

not a scared lonely little girl anymore

Remember ... (it doesn't feel like it) ... on top of the world, &

you have too much talent

There are tecnical ways to go about it ... if anything tec. can be done about it because there are people to help you — gladly — more than most they want to help

too much ability

and much ... to invert yourself

out of fear — not going to class — afraid to come to

class or to get ...

remember there is nothing you ... not to be self conscious about yourself — ... the disapline ... when you are ... & seeking

like Susie — ...

on your own ... after all nothing was or is being given to you of this you have had none of your way worth throwin your ...

you seek it ... didn't seek you

In fact ... there is not the

because —

... exposere ...

The best actr ...

she couldn't ...

my fear is ...

on it — tecnical devices ...

Remember

to overcome

in your case But there is something you can do about it tecnically which by only making ...

... nical exercises.

Strassberg (Him he said)

it makes me feel badly and sadly for you that you do ~~practically every~~ things out of fear

You must start to do things out of strength —

(My question — where do I get the strength) — he said — by not looking for strength but only looking & seeking tecnical ways and means —

Remember you(r) can sit~~ting~~ on top of the world (it doesn't feel like it).
You can have any help you want personally – or in your
work – or anything else you want –
There are technical ways to go about it
or problems – figure out if anything tec. can be done
about it because there are people to help you – gladly – you
more than most they want to help
Remember there is nothing you
lack – nothing to be self conscious about
yourself – you have everything but the discipline
and technique which you are learning & seeking
on your own –
after all nothing was or
is being given to you –
you have had none of this
work thrown your way
you sought it
– it didn't seek you

Not a scared
lonely little girl
anymore

Too much talent
Too much ability and
and much too much sensitivity to invert yourself
out of fear – not come to class –
or to do things like being afraid to come to
class or to get up

Like Susie – where you are wherever you walk there is a kind of light about
you – no acting can give you this quality.
The sensitivity is so strong – much deeper and stronger than that
of Susie's.
In fact the sensitivity is so full and so strong it is dangerous
because the emotions can & do rule everything – most cases there is not the emotional.
He feels I will be able for my first part to really be a tremendous part
which is rare – like in the case of Susie. Her background different
surprisingly discipline (self-developed) she possessed so young.
<u>Exposure</u> – embarrassing.
The best actors. Duse had it that sometimes she wouldn't play (not that
she couldn't but didn't wish to expose herself in her then present state

my fear is not illogical only its illogical at this time – don't work out
of it – technical devices will help my concentration.

to overcome the difficulties. Remember the fear is always there and will be
in your case. But there is something you can do about it
<u>technically</u> which by <u>only</u> making the effort, by carrying out the
technical exercises (putting them together – there is a scene)

Strasberg
it makes me (him he said) feel badly (and sadly) for you that you do
~~practically every~~ things out of fear
You must start to do things out of strength –
(my question : where do I get the strength) – he said – by not looking for strength
but only looking & seeking <u>technical</u> ways and means

Não mais uma menininha assustada e solitária
Lembre-se você (está) pode sentar no topo do mundo (não parece). Você pode obter qualquer ajuda que queira pessoalmente – ou no seu trabalho – ou qualquer coisa que queira – Há maneiras técnicas de lidar com isso ou problemas – verifique se algo técnico pode ser feito a respeito porque existem pessoas para ajudar você – com prazer – querem ajudar você mais do que qualquer um
Lembre-se de que não existe nada faltando em você – nada para se sentir insegura consigo mesma – você tem tudo exceto a disciplina e a técnica que está aprendendo e buscando sozinha – afinal nada foi ou está sendo dado a você – nada deste trabalho foi jogado aos seus pés, você o buscou – ele não buscou você
Talento demais habilidade demais e sensibilidade demais mesmo para se afastar do medo – não vir à aula – ou fazer coisas como ter medo de vir à aula ou de se levantar
Como Susie – onde você está e para onde quer que você caminhe existe uma espécie de luz sobre você – nenhuma atuação pode lhe dar essa qualidade.
A sensibilidade é tão forte – muito mais profunda e forte do que a de Susie.
Na verdade a sensibilidade é tão plena e tão forte que é perigosa porque as emoções podem controlar tudo e de fato controlam – na maioria dos casos não há o emocional.
Ele sente que eu conseguirei que meu primeiro papel seja realmente um tremendo papel o que é raro – como no caso de Susie. Sua criação diferente, a disciplina incrível (autodidata) que ela tem desde muito jovem.
Exposição – embaraçoso.
Os melhores atores. Às vezes acontecia de Duse não querer atuar, não que ela não pudesse, mas ela não queria se expor no estado presente meu medo não é ilógico apenas é ilógico neste momento – não tente sair dele – artifícios técnicos ajudarão minha concentração.

Strassberg me faz (foi ele quem disse) sentir mal (e triste) por você porque você faz tudo movida pelo medo
Você deve começar a fazer coisas pela força – (minha pergunta: de onde eu tiro força) – ele disse – não procurando força mas apenas observando e procurando formas e meios técnicos para superar as dificuldades. Lembre-se o medo está sempre lá e no seu caso sempre estará. Mas existe algo que você pode fazer tecnicamente a respeito por meio apenas de fazer o esforço de realizar os exercícios técnicos. (colocando-os juntos – eis uma cena)

Nota: Susie é uma denominação afetuosa de Susan Strasberg, filha de Lee e Paula, nascida em 1938 e que, na época, começava uma carreira de atriz no teatro, frequentando também o Actors Studio.

Marilyn Monroe com Truman Capote, Nova York, 1955.

please don't talk about me when I'm gone

You're an old smoothie

Body and [illegible]

Who's

easy living

when I'm not [illegible] 259

While we're young 262

I know where I'm going and who's going with me?

I cried for you

You do something

the gentle man is a dope

I'll never be the same

He's funny that way

too marvelous for words

Don't worry about me

What is there to say

But not for me

Easy to love

Have you ever been lonely

I've got you under my skin

Please don't talk about me when I'm gone
You're an old smoothie
Body and soul?
Who's sorry now
Easy living
When I'm not near the boy I Love 259
While we're young 262
I know where I'm going and who's going with me?
I cried for you
You do something
The gentleman is a dope
I'll never be the same
He's funny that way
Too marvelous for words
Don't worry about me
What is there to say
But not for me
Easy to love
Have you ever been lonely
I've got you under my skin

Nota: Trata-se, aqui, de um conjunto de títulos de canções. Os números 259 e 262 remetem a uma coletânea de temas clássicos de canções americanas a partir da qual Marilyn estabelece uma lista com finalidade indeterminada.

Por favor não fale de mim quando eu me for
Você é um velho conquistador
Corpo e alma?
Quem está arrependido agora
Vida fácil
Quando não estou perto do garoto que amo 259
Enquanto você é jovem 262
Sei que vou e quem irá comigo?
Chorei por você
Faça alguma coisa
O cavalheiro é um otário
Nunca serei a mesma
Ele é engraçado assim
Incrível demais para dizer
Não se preocupe comigo
O que dizer
Mas não para mim
Fácil de amar
Alguma vez já esteve sozinho
Eu me sinto muito atraída por você

The Towers of
THE WALDORF-ASTORIA
NEW YORK
ELDORADO 5-3100

Dear Claude

Thats right — I know exactly what Im doing and I know

Ive just written Claude, Claude — Meanwhile Besides

this might serve very well as the watchword for some weekend don't you think

or

do you think Ive gone to far

Re-Reminder

84 Remsen St.
Brooklyn
Cliff

Hope you've if you haven't come back from Port Jefferson yet — why don't you

your needed here.

of course its simpler in knowing one to be a member of the Mr. Johnson club because when one could probably for stress or strain got kicked out of the club for excursion is probably harder

is this true that I ask this question as a member in good standing but then how is one to know since there are no rules

Am I under the right impression a Borderline Anonymous also a newly chartered member of the Mr. Johnson club

Its easier even to be a member of the M.J. club where for any kind of excursion stress or strain your kicked out.

P.S. In a few short days Im sending you a reminder — to remind you of time mostly

Dear Claude Claude,
That's right – I know exactly what I'm doing and I know ~~mean~~
I've just written ~~Dear~~ Claude, Claude – ~~it's be-cause~~ meanwhile besides
"The way of a country man is hard, his training strict, his progress slow, his disappointments many." If in fact he is to ~~survive~~ succeed he must ~~should~~ "give it up". Are you prepared? I am interested only per one "borderline" to the other.
in knowing from one of course it's ~~easier~~ simpler to be a member of the Mr. Johnson club because for when one could probably get kicked out of the club for stress, ~~or~~ strain or exertion as probably forbidden – but then how is one to know since there are no rules
I ask this question as a member of good standing of Borderline Anonymous also as a newly chartered member of the Mr. Johnson club.
It's easier even to be a member of the M.J. Club where for any kind of exertion, stress or strain you're kicked out
Is it/this true that I am under the right impression
My love to Hedda and Patty and Candy and Bammoo. Come back if you haven't come back from Port Jefferson yet (hope you've) – why don't you.
You're needed here.
looking forward to seeing you all
Love
Marilyn

P.S. In a few short days I'm sending you a reminder – to remind you ~~of something~~ of me mostly

This might ~~very well~~ serve as
(the)/(a) possible watchword for some
other weekend don't you think
or
do you think I've gone too far

Re – reminder [drawing of envelope]

84 Remsen St.
Brooklyn
Heights

Querido Claude Claude,

Está certo – Sei exatamente o que estou fazendo e sei
que acabei de escrever Claude, Claude enquanto por outro lado

"O caminho de um homem do campo é duro, seu treinamento rigoroso, seu progresso lento, suas decepções numerosas." Se de fato ele quiser ter sucesso deve "abandonar tudo". Você está preparado? Estou interessada apenas por um "no limite" ao outro.
Tendo contatos é claro que é mais fácil
ser membro do clube do Mr. Johnson do qual se pode provavelmente ser expulso do clube por estresse, ou tensão ou esforço provavelmente proibido – mas aí como se pode saber já que não existem regras?
Faço essa pergunta como um membro de boa posição dos Borderline Anonymous também como um novo membro registrado do clube do Mr. Johnson.
É até mais fácil ser membro do Club M.J. onde por causa de qualquer tipo de esforço, estresse ou tensão você é expulso.
É verdade que estou com a impressão correta?
Meu carinho a Hedda e Patty e Candy e Bummoo.
Voltem — se ainda não voltaram de Port Jefferson (espero que tenham) — por que não?
Vocês são necessários aqui.
Não vejo a hora de vê-los todos
Com amor
Marilyn

P.S. Em poucos dias enviarei uma lembrança – para lembrá-los muito de mim

Isto pode servir como (possível) senha para algum outro fim de semana não acha?
Ou
Acha que fui longe demais?

Relembrete [desenho de envelope]

84 Remsen St.
Brooklyn
Heights

Nota: "Claude" é o apelido que Marilyn Monroe dava a seu amigo Norman Rosten, em virtude de sua semelhança com o autor Claude Rains.
Ele e a mulher, Hedda, têm uma filha, Patricia (Patty). Na época, o endereço deles no Brooklyn é, de fato, 84 Remsen Street.
Bam-moo e Candy eram os nomes do cachorro e da gata dos Rosten.
O Mr. Johnson Club era um clube inventado por Norman Rosten e Marilyn, ecoando um romance de Joyce Cary, *Mister Johnson*, cujo herói representava, aos olhos da atriz, o espírito de inocência assassinado pelos "garotos maus".

No terraço do Hotel Ambassador, Nova York, 1955

AGENDA ITALIANA

1955 ou 1956

Em diversas folhas de uma agenda com inscrições verdes em italiano, Marilyn Monroe anota ideias a esmo, no que parece quase uma autoanálise (formidável momento de lapso, rapidamente reparado com humor quando ela começa a escrever o nome "Buddy" como "Bad", "mau"). Não se sabe muito bem quem é a mulher com seios grandes: sua psicanalista, a dra. Hohenberg (evocada em uma outra folha)? Uma pessoa que a visitava, a quem ela retribui? Em todo caso, por duas vezes, Marilyn mergulha em lembranças traumáticas de sua infância, começando pela casa dos Bolender, onde ela se sente isolada, evocando uma professora que parecia ser uma das únicas pessoas que a entendiam, apesar das inumeráveis mentiras que ela lhe contava. Depois, um episódio de agressão sexual ao qual sua "mãe" adotiva de outra família que lhe acolheu, Ida Martin, reagiu mais com reprovações do que com consolo ou ajuda.

É provável que essas folhas estejam em consonância com a exploração de sua memória reprimida, desencadeada pela psicanálise iniciada em fevereiro de 1955 com a dra. Hohenberg.

Sua relação com Arthur Miller parece idílica, levada por um poderoso desejo e, ao mesmo tempo, por uma total confiança: nenhum traço de dúvida ou de crise.

Ela evoca também sua relação com o medo, do qual tem quase necessidade, mas que a aterroriza. O Peter evocado duas vezes como fonte de ameaça poderia muito bem ser Peter Lawford, que ela conheceu desde o início dos anos 1950, com base em um grau de intimidade incerto. Lawford torna-se, a seguir, o cunhado dos Kennedy, pelo seu casamento com a irmã do presidente, Patricia. Alguns anos mais tarde, Marilyn visitará muito o casal, indo várias vezes à casa de praia deles em Santa Mônica.

Big Bosom women?

	MATTINA	POMERIGGIO	SERA
DOM.			
MAR.			
GIOV.			
SAB.			

may be that's why I [illegible] all those [illegible] the [illegible]

I'm afraid to [illegible] say anything about her for fear she will think I am trying to flatter her [illegible] by trying to drag her into liking me [illegible] and [illegible] she was [illegible] seemed to be [illegible] when [illegible] I wasn't telling the truth [illegible]

I know it is [illegible] for her trust [illegible] primarily [illegible] pay [illegible] for [illegible] her [illegible] trying [illegible] natural [illegible] like school [illegible] [illegible] [illegible] use to [illegible] accommo[illegible]

I must ask her [illegible] to [illegible] her and [illegible] against the [illegible] may be I [illegible] because nobody [illegible] listened to me [illegible]

	MATTINA	POMERIGGIO	SERA
DOM.			
MAR.			
GIOV.			
SAB.			

because she seemed so interested in them and seemed to talk to me + like me maybe I didn't want her to treat me like Aunt Ida did -

Big Bosom Women?

I'm afraid to ever say
anything about her
for fear she will think I
am trying to flatter her – thereby
trying to trap her into liking me

I know it isn't for
her trust I primarily
pay her for – it really is
her help and then in
trying to get help it naturally
pays for trust
but then there is some
academic in it – like school –
I must ask her why I use to lie
to my first grade teacher about
her and uncle wayne & nancy
about pushing nancy against the
stove – maybe I was getting
even in the only way that
because nobody else
listened to me
and that
teacher

Young and dark she
was – seemed to be-
lieve me even when
I wasn't telling the
truth – she was
curious about
it I sensed &
use to ask
from time
to time later
on –

Maybe that's
why I told
the teacher
all those
lies all
the time

Grandes Mulheres Peitudas?

Tenho medo de alguma vez dizer qualquer coisa sobre ela por medo de que ela vai pensar que estou querendo elogiá-la – e portanto tentando fisgá-la a gostar de mim
Sei que não é pela sua confiança que principalmente lhe pago – é realmente sua ajuda e assim em tentar obter ajuda naturalmente paga pela confiança mas então existe algo acadêmico nisso – como a escola – devo perguntar a ela por que eu costumava mentir para o meu professor da primeira série sobre ela e o tio wayne & nancy sobre empurrar nancy contra o fogão – talvez eu estivesse dando o troco da única maneira porque ninguém mais me ouvia e aquele professor
Jovem e escura ela era – parecia estar – me deixando até quando eu não estava contando a verdade – ela estava curiosa sobre isso eu sentia & costumava perguntar de tempos em tempos depois
Talvez foi por isso que contei para esse professor todas aquelas mentiras o tempo todo

because she
seemed so interested
in them and seemed
to talk to me & like me
maybe I didn't want
her to treat me like Aunt Ida
did –

Nota: Ida Bolender e o marido, Albert Wayne, acolheram a pequena Norma Jeane em sua casa de Hawthorne, logo após seu nascimento, em junho de 1926. Ela ficou lá até os sete anos.
Tio Wayne é o modo como Ida Bolender queria que a pequena Norma Jeane chamasse seu marido, Albert Wayne Bolender, e não "papai", como ela fazia.
Nancy, cinco anos mais nova, era uma das crianças adotadas pelos Bolender, depois de Lester, um menino da mesma idade de Norma Jeane.

porque ela parecia tão interessada neles
e parecia conversar comigo & como eu
talvez não quisesse que ela me tratasse
como Tia Ida fazia –

I am so [illegible] [illegible] The [illegible] only [illegible]

[illegible] [illegible] Peter [illegible] [illegible] [illegible] [illegible]

I have [illegible] and [illegible] [illegible] [illegible] only

[illegible] [illegible] [illegible] [illegible] I [illegible] trust us

[illegible] [illegible] which I am [illegible] [illegible] my-

[illegible] [illegible] [illegible] [illegible] when I do certain things I

but [illegible] my [illegible] [illegible] [illegible] [illegible] and

[illegible] [illegible] because [illegible] -self [illegible] [illegible]

much as myself - [illegible]

Peter [illegible] [illegible]

I also trust Dr H.

though in a different

way since I have to pay

her [illegible]

where as [illegible]

to be a woman [illegible] to be me

like to be [illegible]

[illegible] [illegible] [illegible]

in fact now I think [illegible]

who has been here so [illegible]

because I have a [illegible]

be [illegible] and dealings [illegible] except [illegible]

in my [illegible] [illegible] [illegible] I believe

have been frightened of [illegible] [illegible] in the [illegible]

for him [illegible] [illegible] [illegible] and admire [illegible]

times [illegible] afraid [illegible] [illegible] and talent

I [illegible] him [illegible] [illegible] have [illegible]

way [illegible] I feel [illegible] [illegible] [illegible]

and [illegible] [illegible] I [illegible]

[illegible] really want to

be me

why is it [illegible]

[illegible] experiments [illegible]

← the feeling of [illegible] we had lately

because I don't [illegible]

[illegible] why – strange [illegible]

will realize [illegible]

I was always [illegible] someone was wrong [illegible] be.

why?

why do I feel [illegible]

why do [illegible] of a human being [illegible]

I am so concerned
about protecting Arthur
I love him – and he is the
only person – human being I have
ever known that I could love not only
as a man to which I am attracted to practically
out of my senses about – but he is the only
person – as another human being that I trust as
much as myself – because when I do trust my-
self (about certain things) I do fully, and I
do about him also –

also I trust Dr. H.
though in a different
way since I have to pay
her for it however

whereas Peter wants
to be a woman – and
would like to be me – I think

in fact now I think I know
why he's been here so long
because I have a need to
be frighten – and nothing really
in my personal relationships (and dealings) lately
have been frightening me – except
for him – I felt very uneasy at different
times with him – the real reason
I was afraid of him – is because I believe
him to be homosexual – not in the
way I love & respect and admire Jack who I feel feels I have talent
and wouldn't be jealous
of me because I wouldn't
really want to
be me

Nota: Peter pode ser, aqui, Peter Lawford, ator de origem inglesa, amigo de Marilyn e cunhado dos Kennedy. Se está, de fato, escrito Jack (a grafia é difícil de decifrar), poderia ser Jack Cole, o amigo dançarino de Marilyn, que a havia treinado nas gravações de *Os homens preferem as loiras* e de *Mundo da fantasia*.

Estou tão envolvida em proteger Arthur eu o amo – e ele é a única pessoa – ser humano que já conheci que eu poderia amar não só como homem por quem me sinto atraída praticamente fora de mim – mas ele é a única pessoa – como outro ser humano que eu confio tanto quanto eu mesma – porque quando confio em mim mesma (sobre certas coisas) o faço plenamente, e eu faço o mesmo com ele também confio na Dra. H. mesmo de uma maneira diferente já que tenho que pagar-lhe por isso contudo

por que é que tenho a sensação – de que nada está realmente acontecendo – mas
estou interpretando um papel – pelo qual me sinto culpada nele tanto quanto sei o
que estou dizendo o que sou e (os) seus efeitos premeditados – exceto
Estou inibida demais para me sentir espontânea ~~porque~~ estou com medo de ser má –
porque não sei o que vai sair disso – o que vai acontecer
até gás do meu estômago (com medo de escrever peido)
e serei humilhada e me sentirei menor do que qualquer coisa ou pessoa

why is it I have
a feeling – things are
not really happening – but
I'm playing a part – for which
I feel guilty in as much as I know
what I'm saying what I'm and the (its)
effect – premeditated – except

the feeling of violence I've had lately

about being afraid
of Peter he might
harm me,
poison me, etc.
why – strange look in his eyes – strange
behavior

maybe someone
will read it?
I don't think so

even physically
I was always sure
some was wrong with
me there – afraid to
say where
but I know where

in other words
I'm the worst
why?)

I'm too inhibited
to feel spontaneous
~~because~~ I'm afraid
to be I mean –
because I don't
know what will
come out – what
will happen

even gas
off my stomach
(afraid to write fart)

and I will be
humiliated and
feel lower than
anything or anyone

why do I feel
this torture?
or why do I feel less
of a human being than others
(always so of felt in
a way that I'm sub-human
why

por que sinto esta tortura? ou por que me sinto menos um ser humano do que os outros (sempre me senti de um jeito como se fosse sub-humana por que em outras palavras sou a pior por quê?)
até fisicamente sempre tive certeza que havia algo errado comigo nessa área – com medo de dizer onde mas eu sei onde
a sensação de violência que tenho tido ultimamente sobre ter medo de que Peter pudesse me fazer mal, me envenenar etc. por que – um olhar estranho nos seus olhos – comportamento estranho

de fato agora acho que sei por que ele tem ficado aqui por tanto tempo porque tenho uma necessidade de ficar assustada – e nada realmente nas minhas relações pessoais (e acordos) ultimamente tem me assustado – exceto por ele – eu me senti muito inquieta em diferentes momentos com ele – a verdadeira razão foi eu ter medo dele – é porque acredito que ele seja homossexual – não do jeito que amo & respeito e admiro Jack que sinto que sente que tenho talento e não ficaria com inveja de mim porque eu não iria querer realmente ser eu

enquanto Peter quer ser uma mulher – e gostaria de ser eu – acho

talvez alguém lerá isso? Acho que não.

I'm finding that sincerity
and ~~trying~~ to be as simple or direct as possible I'd like
is often taken for sheer Stupidity

but since it is not a sincere
world - (it's very probable that being sincere is stupid)
the probability is stupid to
be sincere since it's in this world
and know the world that we know
for since we exist - meaning that
(since reality must it should be, must be dealt
there is reality to be dealt with

with)

problems

Edward
Merrows

and perhaps

and then

the suddenly

might

to help

and since it is comparatively short – (maybe [illegible] – maybe [illegible] – [illegible] isn't easy

the only thing I know, [illegible]

[illegible] not told

[illegible]

[illegible] guess

[illegible]

she [illegible]

of any [illegible]

I started to write [illegible]

[illegible] Buddy (in[s]tead of Buddy) [illegible]

because [illegible] punished me and whipped me "the [illegible] of my body" she said [illegible] must never [illegible] myself [illegible] (it)

[illegible] medical fear of any part of [illegible] there [illegible] body [illegible]

I'm finding that sincerity
and ~~trying~~ to be ~~as~~ simple or direct as (possible) I'd like
is often taken for sheer stupidity
but since it is not a sincere world –
it's very probable that being sincere is stupid.
One probably is stupid to
be sincere since it's in this world
and no other world that we know
for sure we exist – meaning that –
(since reality exists it ~~should be must be dealt~~ should be met and dealt with)
since there is reality to deal with

I'm ~~not~~ M.M. – I'm not permitted ~~to be~~
Edward R. Murrow's show

problems
nervousness
humanness
blunders
mistakes
and my own
thoughts

(a few drinks
too many – ocasionally)
meaning maybe I
didn't have time to
eat during day
and since socially
liquor is accepted
and possibly previously
hurrying – I might
feel a need to relax
with a few glasses of sherry
that might react too quickly

that perhaps
I would have
not enjoyed
being too tired
and make
me suddenly
gay and responsive
to things
and people
around me

this of course
is taken for
over-drinking

and the more
I think of
it the more
I realize there
are no answers
life is to be
lived

Estou descobrindo que sinceridade
e ~~tentar~~ ser ~~tão~~ simples ou direta quanto (possível) como gostaria
é geralmente considerado pura estupidez mas já que não é um mundo sincero – é muito provável que ser sincera seja estúpido. Alguém é provavelmente burro de ser sincero já que é neste mundo e em nenhum outro mundo no qual temos certeza de que existimos – o que significa que –
(já que a realidade existe isso ~~deve ser lidado~~ deve ser visto e lidado)
já que existe a realidade com a qual lidar
~~Não~~ Sou M. M. – Não tenho permissão de ser
programa de Edward R. Murrow

problemas
nervoso
humana
tolices
erros
e meus próprios pensamentos

(algumas bebidas demais – ocasionalmente)
o que significa que talvez eu não tenha tido tempo de comer durante o dia e já que licor social é aceito e possivelmente me apressei anteriormente – posso sentir uma necessidade de relaxar com alguns copos de licor de cereja que podem fazer efeito rápido demais
que talvez eu não tivesse curtido estando cansada demais e faz eu me sentir de repente pra cima e receptiva em relação às coisas e pessoas ao meu redor isto é claro é considerado beber em excesso e quanto mais eu penso nisso mais eu me dou conta de que não há respostas
a vida é para ser vivida

and since it is comparatively
so short – (maybe too short – maybe too long –
the only thing I know for sure, it isn't easy

now that I want to live
and I feel suddenly ~~very young~~ not olc
not concerned about previous
things except to protect
myself – my life – and to
desperately (pray) tell
the universe
I trust it

about not
getting the D.
out – after four
days

and the <u>immediate</u> <u>fear</u>
of any <u>part</u> of my
body there – fear to
touch my own body

after Buddy

(I started to write Bad
instead of <u>Buddy</u> –

slip in writing?)

because A.I. punished me
with fear and whipped me –
"the bad part of my body" she said –
must never touch myself
there or let anyone –
wash cloth – water running from it

fear
wonderment
the wondering of something
ask it questions –
the unbelievableness of the actuality if it happened.

or the pleading & promising
of anything – reasoning –
which is more conventional

Nota: Edward R. Murrow convidou Marilyn para seu popular programa *Person to Person* no dia 8 de abril de 1955.
Na primavera de 1938, Norma Jeane vivia na casa de sua tia-avó Ida Martin (ver nota da página 75); parece que ela sofreu agressão sexual por parte de um pensionista da casa, que poderia ser o Buddy de quem se fala aqui.
D. pode designar os Doutores ou, talvez, os Demônios.

e já que isso é comparativamente tão curto – (talvez curto demais – talvez longo demais –
a única coisa que sei ao certo, não é fácil
agora que quero viver e me sentir de repente ~~muito jovem~~ não velha não preocupada com as coisas anteriores exceto me proteger – minha vida – e (rezar) desesperadamente dizer ao universo que confio nele sobre não remover o D. – após quatro dias
e o <u>medo imediato</u> de cada <u>parte</u> do meu corpo ali – medo de tocar meu próprio corpo
depois de Buddy (comecei a escrever Bad em vez de Buddy – deslize na escrita?)
porque A.I. me puniu com medo e me chicoteou – "a parte ruim do meu corpo" ela disse – nunca devo me tocar ali ou deixar alguém – pano de lavar – água escorrendo dele
medo maravilhamento o pensar sobre algo fazer perguntas a ele – a inacreditabilidade do real se isso aconteceu.
ou o implorar & o prometer algo – razão – o que é mais convencional

Big Brokers

Em uma livraria de Los Angeles, fevereiro de 1953
Nas gravações de *O pecado mora ao lado*, 1954

PAPEL TIMBRADO DE PARKSIDE HOUSE

1956

Após o casamento, em 29 de junho de 1956, o casal Miller-Monroe vai a Londres, onde devem ocorrer as gravações de *O príncipe encantado*, um filme de Laurence Olivier, intérprete do papel masculino principal, que contou com o financiamento da Marilyn Monroe Productions. A relação entre os dois atores será difícil, pois Olivier se mostra desdenhoso e arrogante para com a estrela hollywoodiana.

Marilyn Monroe e Arthur Miller chegam a Londres em 14 de julho; eles se hospedam na luxuosa residência de Parkside House, em Egham, perto de Londres, no Surrey. Tudo podia ser idílico. Mas, um dia, Marilyn encontra o diário íntimo de seu marido, deixado aberto, e descobre nele que o dramaturgo está decepcionado com ela, que, por vezes, ele tem vergonha de seu comportamento e duvida do amor deles. Ela fica transtornada e se sente traída. Foi antes ou depois dessa descoberta que ela escreveu esses poemas e textos momentâneos no papel timbrado do hotel? Em todo caso, o tom é melancólico, com um grande pessimismo sobre as possibilidades do amor e uma visão do inevitável envelhecimento.

A gravação é penosa. Paula Strasberg logo é chamada para ajudar e, depois, a dra. Margaret Hohenberg, sua psicanalista de Nova York.

No dia 29 de outubro, Marilyn é apresentada à rainha Elisabeth II, em uma cerimônia, e retorna aos Estados Unidos em 20 de novembro.

O retrato da página 145 poderia ser de Laurence Olivier.

PARKSIDE HOUSE,
ENGLEFIELD GREEN,
SURREY.
EGHAM 800.

my love sleeps besides me -
In the faint light - I see his ~~firm~~ manly jaw
give away and the mouth of his
boyhood returns
with a softness softer
sensitiveness ~~that~~ trembling
in stillness
his eyes must have look out
wonderously from the cave of the little
boy - when the things he did not understand
he forgot

---

but will he look like this when he's dead
oh unbearable fact inevitable
yet sooner would I rather his love die
than of him?

my love sleeps besides me –
in the faint light – I see his manly jaw
give ~~a~~way – and the mouth of his
boyhood returns
with a softness softer
its sensitiveness ~~that~~ trembling
in stillness
his eyes must have look out
wonderously from the cave of the little
boy – when the things he did not understand –
he forgot
but will he look like this when he is dead
oh unbearable fact inevitable
yet sooner would I rather his love die
than/or him? >>>

meu amor dorme ao meu lado –
na luz fraca – vejo sua mandíbula máscula
abrir caminho – e a boca da sua
meninice retorna
com uma maciez mais macia
sua sensibilidade ~~que~~ tremendo
em quietude
seus olhos devem ter olhado
com maravilhamento da caverna do menino
pequeno – quando as coisas ele não entendia –
ele esqueceu
mas ele parecerá assim quando estiver morto
oh fato inevitável insuportável
ainda assim melhor seria se seu amor morresse
do que/ou ele? >>>

the pain of his longing when he looks
at another -
like an unfulfilment since the day
he was born.

and I in merciless pain
and with his pain of Longing -
when he looks at and loves another
like an unfulfilment of ~~since~~ the day
he was born -
we must endure
I more sadly because I can feel no joy

>>>

the pain of his longing when he looks
at another
like an unfulfilment since the day
he was born.

And I in merciless pain
and with his pain of Longing –
when he looks at and loves another
like an unfulfilment of ~~since~~ the day
he was born –
we must endure
I more sadly because I can feel no joy

>>>

a dor de seu anseio quando ele olha
para outra
como uma insatisfação desde o dia
em que ele nasceu.

E eu em dor sem misericórdia
e com a sua dor de Anseio –
quando ele olha para e ama outra
como uma insatisfação do ~~desde~~ dia
em que ele nasceu –
devemos suportar
eu mais tristemente porque não sinto nenhuma alegria

PARKSIDE HOUSE,
ENGLEFIELD GREEN,
SURREY.
EGHAM 800.

silence, aren't still me
your sounds stillness hurt my head and
pierce ears with sounds undurable –
Jars my head with the stillness of

on the screen of pitch blackness
reappears –
comes the shapes of monsters
my most steadfast companions –

my blood throbing with unrest
turns it route in an other direction
and the world is sleeping –
ah peace I need you – such a
peaceful monster.

>>>

oh silence ~~why don't/aren't you still soothe me~~
you ~~sounds drums~~ stillness hurt my ~~ears~~ head – and
pierce ears
jars my head with the stillness of
sounds unbearable/durable –
on the screen of pitch blackness
comes/reappears the shapes of monsters ~~who are~~
my most steadfast companions –
my blood ~~is~~ throbbing with unrest
turns it route in ~~the opposite~~ another direction
and the ~~whole~~ world is sleeping
ah peace I need you – even a
peaceful monster.

>>>

oh silêncio ~~por que não / está ainda a me acalmar~~
você ~~sons tambores~~ quietude dói ~~meus ouvidos~~ minha cabeça – e
estourar meus tímpanos e minha cabeça com a quietude
de sons insuportáveis / duráveis –
na tela de escuridão completa reaparecem
vêm as formas de monstros ~~que são~~
meus companheiros mais constantes –
meu sangue ~~está~~ pulsando com inquietação
vira sua rota na ~~oposta~~ outra direção
e ~~todo~~ o mundo está dormindo
ah paz preciso de você – mesmo
um monstro pacífico.

521 Wissew

PARKSIDE HOUSE,
ENGLEFIELD GREEN,
SURREY.
EGHAM 800.

To have your heart is the only happy proud thing ~~possession~~ (possession) (that ever belonged to me) I've ever possessed So

Thing that ever completly happen to me

521 Wissett

To have your heart is
the only completely happy proud ~~possession~~ thing (that ever belonged
to me) I've ever possessed so

thing that ever completely
happen to me

Nota: Wissett pode ser o endereçc de um pequeno castelo em Suffolk.

521 Wissett

Ter seu coração é
a única ~~possessão~~ coisa feliz e orgulhosa (que já me pertenceu
na vida) já possuí tanto.
coisa que tão completamente
me acontece

PARKSIDE HOUSE,
ENGLEFIELD GREEN,
SURREY.
EGHAM 800.

I guess I have always been
deeply
terrified ~~at~~ to really be some ones
wife
since I know from life
one cannot love another,
ever, really,

I guess I have always been
deeply terrified ~~at~~ to really be someones
wife
since I know from life
one cannot love another,
ever, really.

Creio que sempre fui
profundamente aterrorizada ~~em~~ de ser a esposa
de alguém
porque sei desde sempre
um não consegue amar outro,
nunca, realmente.

PARKSIDE HOUSE,
ENGLEFIELD GREEN,
SURREY.
EGHAM 800.

It is not to be granted
~~that~~ the
~~...~~ ~~less~~ old woman hides
from her glass — The one she polishes so it won't be dust ~~staring~~ sometimes ~~not to~~
to see her toothless gasp and if perhaps she gently smiles
~~Years only~~ she remembers
her ~~...~~ ~~...~~ pain
her pale ~~...~~ chiton dress
that she wore on a windy
afternoon when she walked
where noone had ever been
her ~~...~~ clear eyed baby who
~~...~~ lived to die — The womens Years ~~have~~ ~~...~~
~~...~~ left. The woman stairs in space of stairs

it is not to be for granted
~~in life less that~~ the old woman hides –
from her ~~mirror~~ glass – the one she polishes so it won't be dusty – daring
sometimes ~~that to~~
to
see her toothless gasp and if she perhaps very gently smiles
~~years only~~ she remembers –
her ~~life or imagined youth~~ pain
her pale chiffon dress
that she wore on a windy
afternoon when she walked
where no one had ever been
her ~~blue eyed~~ clear eyed baby who
lived to die – the woman's ~~youth~~ years have
~~not~~ left. The woman stares & stares in space

não se deve presumir nada
~~na vida menos o que~~ a mulher velha esconde –
do seu vidro – o que ela limpa para que não fique empoeirado – às vezes
desafiando a ver sua arfada banguela e se talvez ela sorrir muito
gentilmente não às vezes para
~~anos apenas~~ ela se lembra –
de sua ~~vida ou juventude imaginável~~ dor
seu vestido chifon pálido
que ela usou numa tarde
com muito vento quando ela caminhou
onde ninguém mais esteve
seu bebê de olhos ~~azuis~~ cristalinos para quem
ela viveu para morrer – os anos ~~da juventude~~ da mulher ~~não~~
se foram. A mulher mira e mira o espaço

PARKSIDE HOUSE,
ENGLEFIELD GREEN,
SURREY.
EGHAM 800.

where his eyes rest with pleasure - I
want to still be - but time has changed
the hold of that glance -
alas how will I cope when I am
even less youthful -

I seek joy but it is clothed
with pain -
~~have courage~~ take heart - ~~to be brave~~ as in my youth
sleep and rest my heavy head
on His breast - ~~because~~ for still my love
sleeps beside me.

where his eyes rest with pleasure – I
want to still be – but time has changed
the hold of that glance.
Alas how will I cope when I am
even less youthful –

I seek joy but ~~you are~~ it is clothed
with pain
~~have courage – to be brave~~ take heart as in my youth
sleep and rest my heavy head
on ~~your~~ his breast – ~~because~~ for still my love
sleeps beside me.

onde os olhos dele descansam com prazer –
quero ainda ser – mas os tempos mudaram
a força desse olhar.
Oh céus como suportarei quando estiver
ainda menos jovem –

busco alegria mas ~~você está~~ ela está vestida
de dor
~~tenho coragem – para ser corajosa~~ entro em contato com o
coração como na minha juventude
durmo e descanso minha cabeça pesada
no ~~seu~~ peito dele – ~~porque~~ pois meu amor ainda
dorme ao meu lado.

PARKSIDE HOUSE,
ENGLEFIELD GREEN,
SURREY.

EGHAM 800.

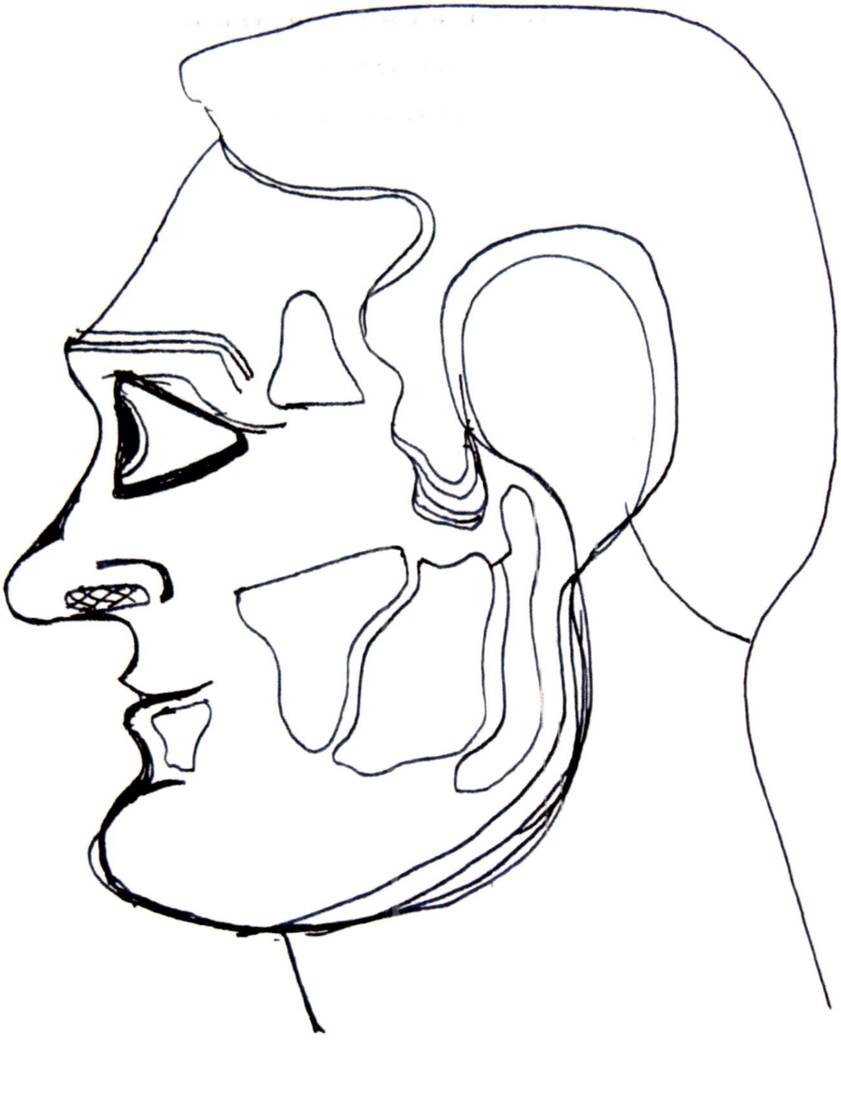

Marilyn lendo *Folhas de relva*, de Walt Whitman, 1951
Marilyn lendo um livro de Arthur Miller, 1952

DEATH OF A SALESMAN
PULITZER PRIZE
CRITICS CIRCLE AWARD
ANTOINETTE PERRY AWARD
THEATRE CLUB AWARD
FRONT PAGE AWARD
BY ARTHUR MILLER
SCENE PAINTING
THE IDEA OF A THEATER
DESIGNING FOR FILMS
The ART OF ACTING
STAGE TO SCREEN
A History of the THEATRE
FREEDLEY and REEVES
CROWN
25 PLAYS
BRITISH PLAYS
100 PLAYS
ONE-ACT PLAYS FOR STAGE AND STUDY
100 RADIO PLAYS
Television
Radio, Television, and Society
RADIO PRODUCTION

NOTAS DE ROXBURY

1958

No verão de 1957, Marilyn e Arthur Miller compram uma propriedade em Roxbury, localidade de Connecticut onde Arthur já havia vivido antes com sua primeira mulher. No início, eles pensam em derrubar a casa para mandar construir uma outra completamente nova, projetada por Frank Lloyd Wright, com piscina, sala de projeção, auditório e um grande escritório para Arthur, mas o projeto se mostra demasiado caro e eles se contentarão com algumas reformas.

Foi, sem dúvida, na primavera de 1958 que Marilyn escreveu estas páginas, com um tom particularmente desencantado. Com efeito, o casal vive por longos períodos no campo, mas a casa parece vazia, uma vez que o amor não mais encontra refúgio nela. Arthur trabalha sem grande sucesso na adaptação de seu novo *Os desajustados*, e Marilyn logo se aborrece com seu papel de rainha do lar. Mesmo a ressurreição primaveril, com as folhas que aparecem nos galhos, não consegue mais consolá-la, pois isso a lembra do fracasso da maternidade, da ausência de filhos.

Agora, ela observa seu rosto detalhadamente a fim de enumerar as marcas do tempo.

Decididamente, o outro (em particular, o ser amado) é inatingível, uma resignação se instala, resta, no melhor dos casos, "amar corajosamente".

Sente-se aqui uma alma torturada, que quer ter esperança, que ainda quer acreditar no amor, mas a realidade se impõe, sem horizonte.

starting tomorrow I will take
care of myself for that's
all I really have and as I
see it now have ever had.
Roxbury — I've tried to imagine
spring all winter — it's here and
I still feel hopeless. I think
I hate it here because there
is no love here anymore. I
resent the effort I apparently made
here. I tried to fight what with
my being I knew was true
~~that~~ but to preserve (according to you) that were come
in our work (at least from my side always
accepted even the worst — tried to oppose it
if it meant jeopardizing our work)
he could not endure (change
felt (urgently which I am not) that
what I could do helped both
of us and his material was ~~for~~ which
means so much more to him
than me anyway. — I have seen
what he intends me to see and
I am strangely calm while I catch
my breath. It's a good saying the not
so funny — what it stands for the saying
"If I had my life to live over I'd
live over a saloon" [Those tender green
leaves on these one hundred and seventy five
year old maples that I see (~~[illegible]~~
~~[illegible]~~ what my senses feel). what was I looking at? It's like
having a child when one is nineteen.
~~I think I want no children because I only~~
~~would trust every delicate and~~
~~undefined feeling of my child with~~
~~myself in case of accident (sounds like~~
~~an identification card) there is no one~~
~~I trust.~~ I mean if anything would happen [illegible] at this moment
In early spring the green is
too sharp though the ~~delicacy~~ in their form is

starting tomorrow I will take care of myself for that's all I really have and as I see it now have ever had. Roxbury – I've tried to imagine spring all winter – it's here and I still feel hopeless. I think I hate it here because there is no love here anymore. I regret the effort I desperately made here. I tried to fight what with my being I knew was true – ~~that~~ due to pressure (it's going to sound like a telegram) that have come in my work (it's funny I've always accepted even the worst – tried to oppose it if it meant jeopardizing my work) he could not endure (he is from another land) though I felt (innocently, which I am not) that what I could endure helped both of us and in a material way ~~also~~ which means so much more to him than me even. I have seen what he intends me to see and I am strangely calm while I catch my breath. It's a good saying the not so funny – what it stands for though – pain "If I had my life to live over I'd live over a saloon"
Those tender green leaves on these one hundred & seventy five year old maples that I see (~~I wondered several what my senses felt~~ what was I looking at). It's like having a child when one is ninety. ~~I don't want any children because I only could trust every delicate and indelicate feeling of my child with myself in case of accident (sounds like an identification card)~~ there is no one I trust. I mean if anything would happen Blessed thought at this moment. In every spring the green is too sharp – though the delicacy in their form is >>>

Nota: O ditado é uma citação do humorista W. C. Fields.

a partir de amanhã cuidarei de mim mesma pois isso é realmente tudo o que tenho e pelo que vejo já tive. Roxbury – tentei imaginar a primavera todo o inverno – está aqui e ainda me sinto desesperançada. Acho que odeio estar aqui porque não existe mais amor aqui. Eu me arrependo do esforço que desesperadamente fiz aqui. Tentei lutar com o que no meu ser sabia era verdade – ~~que~~ por causa da pressão (vai soar como um telegrama) que se instalou no meu trabalho (é engraçado que sempre aceitei até o pior – tentei me opor se isso significava prejudicar meu trabalho) ele não suportou (ele é de outro lugar) apesar de que senti (inocentemente, o que não sou) aquilo que pude suportar ajudou a nós dois e de forma material ~~também~~ o que significa realmente muito mais para ele do que para mim até. Já notei o que ele quer que eu veja e estou estranhamente calma enquanto volto a respirar. É um bom ditado o não tão engraçado – o que isso representa contudo – dor "Se eu tivesse minha vida para viver novamente eu viveria novamente num salão"
Aquelas folhas verdes macias nestas árvores de cento e setenta anos que vejo (~~fiquei imaginando várias o que meus sentidos~~ o que eu estava vendo). É como ter um filho quando você já tem noventa. ~~Não quero ter filhos porque só seria capaz de confiar cada sentimento delicado e indelicado de minha criança a mim mesma em caso de acidente (parece um cartão de identificação)~~ não há em quem confiar. Quero dizer se algo acontecesse Bendito pensamento neste momento. Em toda primavera o verde é forte demais – apesar da delicadeza na sua forma é... >>>

sweet and uncertain th[illegible] - it
puts up a good struggle in the wind
trembling all the while. These leaves
will always expand in the same
and each [illegible] deeper they will resist
even when their [illegible].
I think I am very lonely - my
mind [illegible]. I see [illegible] the
[illegible] now. [illegible] - of
I [illegible] of what I don't
want to [illegible] - tension, sadness,
disappointment, my eyes dulled, cheeks
flushed with [illegible] that look like
bruises on image - hair [illegible] like [illegible].
the mouth [illegible] see [illegible]
[illegible]
a dark [illegible] between the lips
in the [illegible] because [illegible]
[illegible]
[illegible] don't feel [illegible]
[illegible]

When one [illegible] to [illegible] a
my [illegible] (other) [illegible] the other [illegible]
[illegible] apart

>>> sweet and uncertain ~~though~~ – it puts up a good struggle in the wind ~~though~~ trembling all the while. Those leaves will relax, expand in the sun and each raindrop they will resist even when they're battered and ripped. I think I am very lonely – my mind jumps. I see myself in the mirror now, brow furrowed – if I lean close I'll see – what I don't want to know – tension, sadness, disappointment, my ~~blue~~ eyes dulled, cheeks flushed with capillaries that look like rivers on mape – hair lying like snakes. The mouth makes me the saddest, next to my dead eyes. There is a dark line between the lips in the outline of several [illegible] waves in a turbulent storm – it says don't kiss me, don't fool me I'm a dancer who cannot dance.

When one wants to stay alone as my love (Arthur) indicates the other must stay apart. >>>

>>> doce e incerto ~~contudo~~ – resiste bravamente no vento ~~apesar~~ de estar tremendo o tempo todo. Aquelas folhas vão relaxar, expandir-se ao sol e a cada pingo de chuva elas resistirão até quando estiverem socadas e rasgadas. Acho que estou muito só – minha mente pula. Eu me vejo no espelho agora, sobrancelhas franzidas – se eu me encostar perto verei – o que não quero saber – tensão, tristeza, decepção, meus olhos ~~azuis~~ turvos, bochechas rosadas com capilares que parecem rios nos mapas – cabelo caindo como cobras. A boca me torna a mais triste, ao lado dos olhos mortos. Há uma linha escura entre os lábios no contorno de várias ondas de brisa numa tempestade turbulenta – ela diz não me beije, não me engane sou uma dançarina que não sabe dançar.

Quando um quer ficar sozinho como meu amor (Arthur) mostra o outro deve ficar separado. >>>

re-relationships-

Everyone's childhood plays itself out

no wonder no one knows the other or can completely understand By this I don't know if I'm just giving up with this conclusion or resigning myself or maybe for the first time connecting with reality -

how do we know the pain of another's earlier years let alone all that he drags with him since along the way at best a lot of lee-way is needed for the other yet how much is our health for one to bear

I think to love bravely is the best and accept - as much as one can bear

>>> re – relationships

Everyone's childhood <u>plays</u> itself out
No wonder no one knows the other or can completely understand.
By this I don't know if I'm just giving up with this conclusion or resigning myself – or maybe for the first time connecting with reality –

how do we know the pain of anothers earlier years let alone
all that he drags with him since along the way at best a lot of lee-way is needed for the other – yet how <u>much</u> is <u>unhealthy</u> for one to bear.

I think to love bravely is the best and accept – as much as one can bear

>>> re-relacionamentos

A infância de todos <u>acaba</u>
Não é à toa que ninguém conhece o outro ou consegue compreender completamente.
Com isso não sei se estou apenas desistindo com essa conclusão ou me resignando – ou talvez pela primeira vez me ligando à realidade –

como conhecemos a dor dos anos anteriores de outro muito menos
tudo o que ele carrega consigo desde então ao longo do caminho no máximo muito abrigo – caminho se faz preciso para o outro – no entanto <u>quanto</u> é <u>prejudicial</u> se suportar.

Acho que amar corajosamente é o melhor e aceitar – quanto se consegue suportar

THE IDIOT

Marilyn lendo um script, Bel Air Hotel, Los Angeles, 1952
Marilyn ao telefone, Hollywood, 1962

livewire®
49¢ WIDE RULED NUMBER LW-49

CADERNO VERMELHO "LIVEWIRE"

1958

Na primavera de 1958, Marilyn está farta da vida excessivamente calma no subúrbio chique. Ela quer recomeçar a trabalhar e passa em revista as diversas propostas vindas de seus agentes ou da Fox, entre as quais uma adaptação do romance de Faulkner *O som e a fúria*. Mas, de repente, chega uma proposta de Billy Wilder o resumo de uma velha comédia alemã, *Quanto mais quente melhor*. Em 8 de julho, ela desembarca em Los Angeles para as gravações. Apenas cinco das páginas deste grande caderno em espiral com capa vermelha serão utilizadas por Marilyn. É possível datá-lo do verão de 1958, pois duas falas do filme de Wilder aparecem nele (ver as páginas 165 e 167). Qual a razão dessas duas sequências de texto (uma das quais muito breve, poderia se prestar a confusão, uma vez que Marilyn também nasceu em junho, como seu personagem)? O que elas revelam da meditação pessoal de Marilyn? Outra hipótese pode ser formulada: que as notas a lápis sejam anteriores àquelas escritas com caneta azul. Assim, a menção (cf. página 163) "depois de um ano de análise" se referiria ao ano de 1956 (sua psicanálise com a dra. Hohenberg havia começado em 1955), com uma ponta de ironia sobre o resultado então obtido, como revela um breve poema de cinco linhas: uma profunda desesperança sob forma de um pedido de ajuda.

look —

we left ... we're reaching — they're touching the sky / will be

We'll ~~draw~~ our outlines ~~against~~ on the crushed grass

It will die sooner because we were there — will something else grow?

I left my home of green rough wood –
a blue velvet couch I dream till now
A shiny dark bush just left of the door.
~~[Illegible]~~ Down the walk clickity clack as my doll
in her carriage went over the cracks – "We'll go far away".

The meadows are huge the earth (will be) hard
on my back. The grass ~~surged~~ touched
the blue and still white clouds changing from an
old man shapes to a smiling dog with ears flying

Look –
The meadows are reaching - they're touching the sky
~~We'll leave~~ We left our outlines against/on the crushed grass.
~~It~~ will die sooner because we were there – will something
else have grown ?

Don't cry my doll don't cry
I hold you and rock you to sleep.
hush hush ~~I'm~~ I was only pretending now ~~that~~ I'm (was)
not your mother who died.

I shall feed you from the shiny dark bush
just left of the door.

Deixei minha casa de madeira verde rústica –
um sofá de veludo azul com o qual sonho até agora
Um arbusto escuro à esquerda da porta. Pelo caminho clíquete claque enquanto
minha boneca em sua carruagem subia sobre as rachaduras – "Iremos longe."

Os prados são imensos a terra (será) dura
Nas minhas costas. O capim ~~ondeou~~ tocava
o azul e nuvens brancas paradas se transformando
de um homem velho para um cachorro sorridente com orelhas ao vento

Olha –
Os prados estão alcançando – estão tocando o céu
Deixamos nossos contornos contra / sobre o capim amassado.
~~Ela~~ morrerá mais cedo porque estávamos lá – algo diferente
terá crescido?

Não chore minha boneca não chore
seguro você e a balanço até dormir.
quieta quieta Eu ~~estou~~ estava apenas fingindo ~~que~~ eu (era)
não sou sua mãe que morreu.

Alimentarei você do arbusto escuro brilhante
à esquerda da porta.

Jamaica 3/6/78

after one year of analysis—

Dr. Mike Fayer

Help Help
Help
I feel like coming clean
when all I want
is to die [illegible]

Scream—
You began and ended in acid
but where was the middle?

Jamaica 36/78
Dr Mike Fayer

After one year of analysis

Help help
Help
I feel life coming closer
when I all want
Is to die

Scream –
You began and ended in air
but where was the middle?

Nota: Segundo Donald Spoto, Marilyn teria enviado as cinco linhas do poema "Help" a Norman Rosten durante o verão de 1961, após começar a frequentar com muita assiduidade o dr. Greenson. Spoto acrescenta que Marilyn já havia escrito esse poema em 1956, em Londres, em uma caderneta de Arthur Miller.
Dr. Mike Fayer: médico não identificado.

Jamaica 36/78
Dr. Mike Fayer

Após um ano de análise

Socorro, socorro.
Socorro.
Sinto que a vida está chegando mais perto
quando tudo o que quero
É morrer.

Grito –
Você começou e terminou no ar
mas onde estava o meio?

I'm not very bright I guess

Im just dumb if I had any brains I wouldn't be on crummy train with this crummy girls band

I used to play with male bands but I can't afford it any more

Have you ever been with a male band

Kit

I'm not very bright I guess.

No just dumb//if I had
any brains I wouldn't be
on crummy train with this
crummy girls band.

I used to sing with male
bands but I can't afford it
anymore.
Have you ever been with a male band

Heats

Nota: Trata-se de uma fala do filme *Quanto mais quente melhor*,
na longa cena no trem.

Não sou muito esperta imagino.

Não só burra // se tivesse
um cérebro eu não entraria
num mísero trem com essa
mísera banda de garotas.

Eu costumava cantar com
bandas masculinas mas não dá
mais para mim.
Alguma vez você já esteve numa banda de homens

Calores

you know I'm going to be
twenty five in June

You know I'm going to be
twenty-five in June

Nota: Também esta fala faz parte de *Quanto mais quente melhor*. Marilyn tinha 32 anos quando atuou nesse filme.

Você sabe que farei
vinte e cinco anos em junho

Title – about my poems

Norman – so hard to please
when all I want is to please
so it might rhyme
so what's the crime?
after all this
~~when I've spent~~ all this time
on earth

Title – About my poems

Norman – so hard to please
when all I want is to tease
So it might rhyme
So what's the crime ?
~~When I've spent all this~~ After all this time
on earth

Nota: Norman Rosten, poeta e romancista, era um amigo próximo de Marilyn em Nova York desde 1955.

Título – Sobre meus poemas

Norman – tão difícil de satisfazer
quando tudo o que quero é tirar lazer...?
E daí que rimou?
O mundo acabou?
~~Quando ela (nós?) passamos por tudo isso~~ Após todo esse tempo
na terra

Marilyn Monroe com Carson McCullers
Marilyn Monroe com Karen Blixen e Carson McCullers durante um almoço oferecido pela romancista americana, em sua casa em Nyack, em homenagem à escritora dinamarquesa, 1959

FRAGMENTOS & NOTAS

As notas e os fragmentos escritos aqui e ali (folhas arrancadas, envelopes, bilhetes, páginas de listas) por Marilyn Monroe dizem respeito tanto à confidência, à observação, à automotivação, à introspecção como a um voluntarismo prático, cotidiano e disciplinador.
Modos de interpretar uma tal fala, desânimo diante da necessidade de interpretar um papel alegre quando se está triste, necessidade de melhor se concentrar, dedicatória de aniversário com todo tipo de apelido fantasioso (ela adorava os pequenos nomes inventados por seus amigos ou por ela mesma), princípios de vida e de trabalho, lembretes sobre preparativos para uma noite de gala, orientações para seu sócio Milton Greene e, na abertura de uma agenda de endereços, uma lista de princípios aos quais se submeter (entre outros, inscrever-se em um curso de literatura): a cada vez, entreve-se um momento de vida, um traço de caráter, a marca de uma dúvida ou de uma dificuldade, e, frequentemente, a vontade de melhorar, de se formar, mais e mais.

Aug 21

I am restless and nervous and scattered and jumpy — a few minutes ago I almost threw a silver plate into a dark area on the set — but I knew couldn't afford to let out anything I really felt infact I couldn't dare because I wouldn't stop at that maybe. just before that I almost threw up my whole lunch. I'm tired. Im searching for a way to play this part I am depressed with my whole life since I first remember — How can I be such a gay young hopeful girl — what I am using is that one sunday when I was fourteen for I was all those things that day but — Why can't I use it more consistantly my concentration wavers most of the time — something is racing in me in the opposite direction to most of the days I can remember. I must try to work and work on my concentration — maybe starting with the simplest of things —

Aug 27

I am restless and nervous and scattered and jumpy – a few minutes ago I almost threw a silver plate – into a dark area on the set – but I knew couldn't afford to let out anything I really felt in fact I wouldn't dare because I wouldn't stop at that maybe. Just before that I almost threw up my whole lunch. I'm tired. I'm searching for a way to play this part I am depressed with my whole life since I first remember – How can I be such a gay young hopeful girl – What I am using is that one sunday when I was fourteen for I was all these things that day but – Why can't I use it more consistently my concentration wavers most of the time – something is racing in me in the opposite direction to most of the days I can remember. I must try to work and work on my concentration – maybe starting with the simplest of things.

27 ago

Estou inquieta e nervosa e distraída e agitada – alguns minutos atrás quase joguei um prato de prata – dentro de uma área escura no cenário – mas sabia que não podia deixar passar o que eu realmente sentia não ousaria porque não pararia por aí talvez. Antes disso quase vomitei todo o meu almoço. Estou cansada. Estou procurando uma maneira de fazer esse papel estou deprimida com minha vida inteira desde que consigo me lembrar – Como posso ser uma garota esperançosa tão contente – O que estou usando é aquele domingo quando tinha catorze anos pois eu era todas essas coisas naquele dia mas – Por que não consigo usar isso com mais consistência minha concentração falha na maior parte do tempo – algo está correndo dentro de mim na direção oposta à maioria dos dias de que me lembro. Devo tentar trabalhar e trabalhar na minha concentração – talvez começando com as coisas mais simples.

M.M.

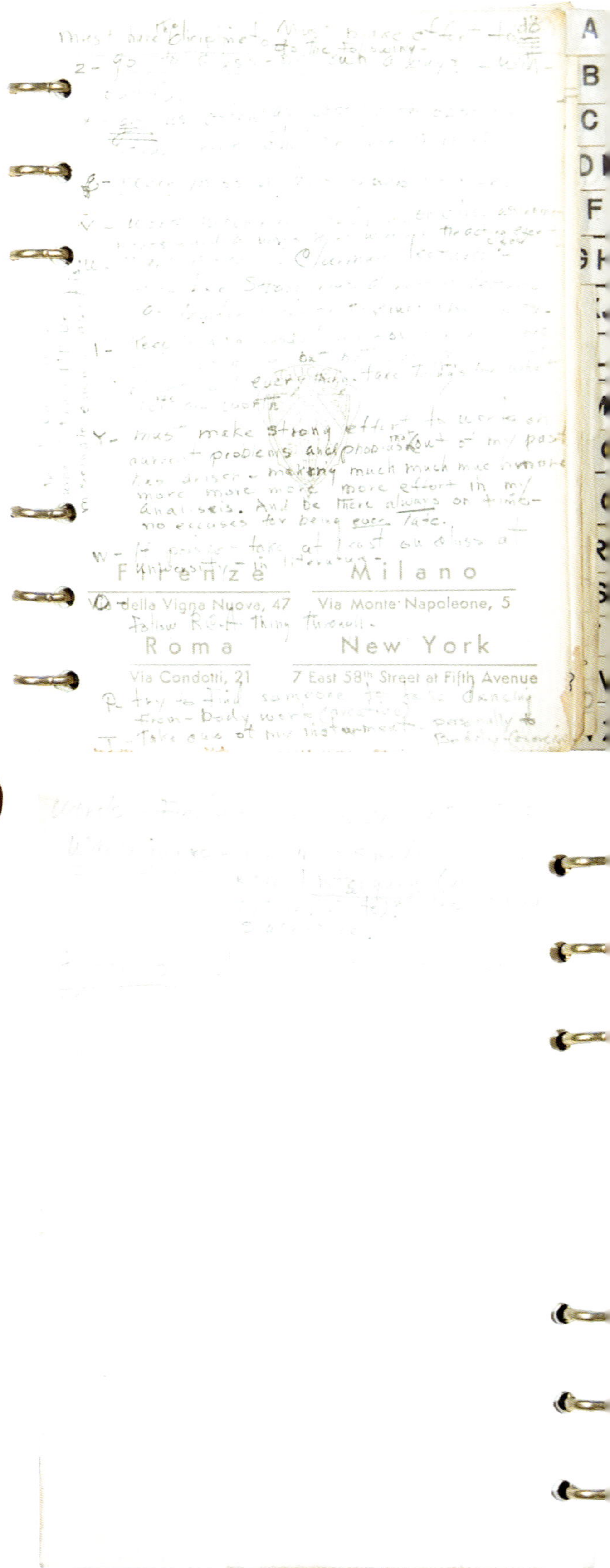
Firenze
Milano
Via della Vigna Nuova, 47
Via Monte Napoleone, 5
Roma
New York
Via Condotti, 21
7 East 58th Street at Fifth Avenue

Must make effort to do
must have the discipline to do the following –
z – go to class – my own <u>always</u> – without fail.
x – go as often as possible to observe Strassberg's other private classes.
g – <u>never</u> miss my actors studio sessions.
v – <u>work</u> whenever possible – on class assignments – <u>and always keep working on the acting exercises.</u>
u – start attending Clurman lectures – also Lee Strasberg directors' lectures at theater wing – enquire about both.
i – keep looking around me – only much more so – <u>observing</u> – but not only myself but others and everything – take things (it) for what they (it's) are worth.
y – must make strong effort to work on current problems and phobias that out of my past has arisen – making much much much more more more more more effort in my analysis. And be there <u>always</u> on time – no excuses for being <u>ever</u> late.
w – if possible take at least one class at university – in literature –
o – follow RCA thing through
p – try to find someone to take dancing from – body work (practice)
t – take care of my instrument – personally & bodily (exercise)

try to enjoy myself when I can – I'll be miserable enough as it is.

Words – Find out their meanings
<u>Wanderjahre</u> – pertaining somehow to the word <u>Entsagung</u> – (what does that mean to)? does it mean sacrifice.
<u>à trois</u> does it mean like probation

Nota: Essa agenda de endereços foi certamente comprada em Nova York, em 1955, como indicam os nomes que nela figuram, especialmente o de Milton Greene.
Harold Clurman, diretor e crítico de teatro, foi um dos três fundadores (juntamente com Lee Strasberg) do Group Theatre de Nova York, em 1931.
Foi em 1954 que Marilyn se comprometeu, pela primeira vez, com a gravadora RCA a fim de gravar as canções dos filmes em que atuava.
"Wanderjahre" (os anos de viagem) e "Entsagung" (a renúncia) não têm nenhuma relação. Trata-se, talvez, de um eco das leituras de Marilyn sobre Freud ou de Rilke.
"à trois" não tem, evidentemente, nenhuma relação segura com "provação".

Devo fazer esforço para fazer
tenho que ter a disciplina para fazer o seguinte –
z – ir para aula – do meu <u>jeito</u> – sem pestanejar.
x – ir o mais frequentemente possível observar as outras aulas privadas de Strassberg.
g – <u>nunca</u> faltar a minhas sessões do Actors Studio.
v – <u>trabalhar</u> sempre que possível – nas tarefas das aulas – <u>e sempre continuar trabalhando nos exercícios de atuação</u>.
u – começar a frequentar as palestras de Clurman – também palestras para diretores de Lee Strassberg no setor do teatro — inquirir sobre ambos.
i – continuar olhando a minha volta – só que muito mais – <u>observando</u> – mas não só para mim mesma mas para outros e tudo – abarcar as coisas pelo que elas valem.
y – devo realizar um esforço sincero ao trabalhar em atuais problemas e fobias que surgiram do meu passado – fazendo muito muito muito mais mais mais mais esforço na minha análise. E estar lá <u>sempre</u> na hora – sem desculpas <u>jamais</u> para atrasos.
w – se possível pagar pelo menos uma disciplina na universidade – em literatura –
o – seguir o negócio do RCA até o fim
p – tentar encontrar alguém para fazer dança – trabalho corporal (prática)
t – cuidar do meu instrumento – pessoalmente & corporalmente (exercício)

tentar me curtir quando puder – estarei me sentindo miserável o suficiente do jeito que está.

Palavras – encontrar seus significados
<u>Wanderjahre</u> – se relaciona de alguma forma com a palavra *<u>Entsagung</u>* – (o que quer dizer?)
Será que significa sacrifício.
À trois quer dizer algo como provação

12:00 Cecil Chapman –
530 7th Ave –
4th floor
tel # LA-4-5800

Saturday Morning 12:00 –

Sunday Night Actors Benefit at the ... dinner for them. Some ... ask
speak to Paula ... scene
for ...

Monday Night

Saturday Afternoon 2:30
Lee Strasberg Matenee
Cat on a Hot Tin Roof
Sat Morn – ... time call about them Chapman

Hair – ...
Dress –

There are some ... Mon. morning ... Mon Night

Fri Night –
John Moore fitting

Fri Morning
8:30 ... Hair
11:00 Actors Studio

Call Milton about –

1– a day a week with Hohenberg – Saturday – because learning and need it and ... walking
2– about paying Hohenberg's Bill – which didn't give him yet (can't he pay it on Mon?)
3– about white shoes because probably wear white dress & what about wrap?

Call Lois Weber about ... yesterday papers mainly Herald Tribune and Times.

12:00 Ceil Chapman –
530 7th ave –
4th floor
tel # LA-4-5800

Saturday Morning 12:00
Sunday Night Actors Benefit
dinner for them somewhere? At least ask
speak to Paula – about scenes for me in
the future

Monday Night
Hair – instead of tues. have done
on Mon. morning – also ask about
comb out for Mon. night.
Dress
Saturday afternoon 2:30
Lee Strasberg matinee
Cat on a Hot Tin Roof
Sat Morn – Profile time call about then
C. Chapman

Fri Night
John Moore fitting

Fri Morning
8:30 – Francis [illegible] Hair
11:00 Actors Studio

Call Milton about –
1 – 6 days a week with Hohenberg –
Saturdays – because learning and need
it and she willing
2 – about paying Hohenbergs –
Bill – which didn't give him
yet – (can we pay it on Mon?)
3 – about white shoes because probably
wear white dress
(what about wrap?)

Call Lois Weber or A. Jacobs
about all yesterdays papers
mainly Herald Trib and Times

Nota: Essa anotação data certamente de dezembro de 1955, pois foi no dia 12 de dezembro que ocorreu uma festa beneficente em prol do Actors Studio, em Nova York. Mas, na ocasião, Marilyn estava com um vestido preto (ver página 208).
Paula Strasberg, mulher de Lee Strasberg, também era uma amiga muito próxima e iria se tornar sua instrutora nas gravações.
Ceil Chapman foi frequentemente apresentada como a estilista preferida de Marilyn.
John Moore, costureiro, desenhista e decorador, fez vários vestidos para Marilyn, entre os quais o de seu casamento com Arthur Miller. Ele reformou todo o interior do apartamento dos Miller no 444 East da Rua 57, em 1955.
Arthur Jacobs estava à frente de sua própria empresa e se encarregou das relações públicas de Marilyn, de 1955 até sua morte.
Lois Weber, empregado da Arthur P. Jacobs Company, era o assessor de imprensa de Marilyn em Nova York.

Meio-dia : Ceil Chapman
530 7ª Avenida
4º andar
Tel : LA-4-5800
Sábado de manhã, meio-dia
Domingo à noite, baile beneficente
Jantar para eles em algum lugar? Perguntar
pelo menos falar com Paula – sobre cenas
para mim no futuro
Segunda à noite
Cabeleireiro – ao invés de terça. feito
segunda de manhã –
pedir também um penteado para segunda à
noite.

Sábado à tarde 2:30
Matinê de Lee Strasberg
Gata em teto de zinco quente
Sábado de Manhã – Hora do perfil ligar para
C. Chapman sobre
Sex Noite
John Moore prova
Sex Manhã
8:30 – Cabelo Francis
11:00 – Actors Studio

Ligar para Milton sobre –
1 – 6 dias por semana com Hohenberg –
Sábados – por causa de aprendizado e preciso
disso e ela está disposta
2 – sobre pagar os Hohenbergs – Bill – que
ainda não o deu – (podemos pagar na Seg?)
3 – sobre sapatos brancos porque
provavelmente usar vestido branco
(que tal cobrir)

Ligar para Lois Weber ou A. Jacobs sobre
todos os jornais de ontem principalmente
Herald Tribune e *Times*

For Kris James 11th Birthday on the same year
Sept 9

– Remember, Somehow, how Mother always tried to get me to "go out" as though she felt I were too unadventurous. She wanted me even to show a cruelty toward woman. I this in my teens. In return, I showed her that I was faithful to her.

For Kris
Sept. 9

Jane's 12th birthday on 7th
same year

– Remember, somehow, how –
Mother always tried to
get me to "go out" as
though she felt I
were too unadventurous.
She wanted me even
to show a cruelty
toward woman. This
in my teens. In return,
I showed her that I
was faithful to her.

Nota: Kris designa, sem dúvida, a dra. Marianne Kris, psicanalista de Marilyn em Nova York, de 1956 a fevereiro de 1961.
Jane Miller, a filha mais velha de Arthur, nasceu em 7 de setembro de 1944. Essa anotação foi escrita, então, em 1956.

Para Kris
9 set
O 12º aniversário de Jane no dia 7
mesmo ano

– Lembre-se, de alguma forma como –
Mamãe sempre tentava me
fazer "sair" como
se ela achasse que
eu fosse pouco aventureira.
Ela queria até mesmo que
eu mostrasse crueldade
em relação à mulher. Isso em
minha adolescência. Em troca,
mostrei a ela que eu
era fiel a ela.

For Life

It is rather a determination not to be overwhelmed.

For Work

The truth can only be recalled, never invented

For life
It is rather a determination not to be overwhelmed.

For work
The truth can only be recalled, never invented

Para a vida
É uma determinação e tanto não me sentir sufocada.

Para o trabalho
A verdade pode apenas ser relembrada, nunca inventada

Forgive me for being sentimental

if onl

Hope this finds you feeling just great - no that's not what I want to say - I meant - Forgive me

You're got style - the way you've moved along these years.

Mate
Late
Rate
ate

For being sentimental

I'm so glad you were born and that I'm living at the same time as you.

Love, (we all love you)
Noodle
Sam
Max
Clump
Sugar finny
pussy
and all the rest of us -

I mean

Forgive us for being sentimental
if only

Hope this finds you feeling
just great – no that's not what
I want to say [~~illegible~~] – I mean – forgive me

for being sentimental
I'm so glad you were born
and that I'm ~~alive~~ living at the
same time as you.

You've got style – the way you've
moved along these years.
Slow me up
Mate
Late
Rate
ate

~~Happy Birthday~~ Love (we all love you)
Noodle
~~no I mean I mean~~ Sam
Max
Clump
Sugar Finny
Pussy
and all the rest
of us...

Nota: Esta pequena prosa de ocasião e sua variação na página seguinte foram escritas, sem dúvida, no momento de um aniversário de Norman Rosten. "Ela também tinha belos nomes para si mesma. Um belo dia ela assinava uma pequena anotação como Bobinha, Sam, Max, Buqué, Sugar Candy, Gata e assim por diante. Um jogo de identidade, o diabinho lúdico. Era um aspecto muito atraente de seu caráter. Ela tinha um grande senso de humor." (Norman Rosten, *Marilyn among friends*)

Perdoe-nos por sermos sentimentais
se apenas
Espero que isto chegue quando esteja se sentindo ótimo – não não é isso o que quero
dizer [~~indecifrável~~] – quero dizer – perdoe-me por ser sentimental
Estou tão feliz por você nascer e que eu esteja ~~viva~~ vivendo no mesmo tempo que você.
Você tem estilo – a maneira como tem
agido ao longo destes anos.
Faça com que eu vá mais devagar
Amiga
Tarde
Arte
ate

~~Feliz Aniversário~~ Com amor (nós todos te amamos)
Nouille
tachado – Sam
Max
Tufo
Açúcar cândi
Xoxota
e todos
os outros...

its time for
statement
Among our statements
we feel
instrumental
sentimental
words incidental
commental
not afraid you'll say
forgive me of the
influence by finer feeling
affecting the emotional
sentimental
meaning influenced by tender
feelings
Happy Birthday (we all love you)
ourselves in myself
Sam
Sense
Max
Clamp
Sensabella - sensitive
Sugar Fenny
all of the
of us

It's time for
sentiment
I know how sentimental we feel

instrumental
sentimental
merely incidental
coincidental

Not a tear you'll see
forgive me if I'm

influence by tender feelings
affecting the emotions
meaning – sentimental ~~is a~~ influenced for
tender
feelings
ourselves or myself

sense

sensible – sensitive

Happy birthday
and love (we all love you)
Noodle
Sam
Max
Clump
Sugar Finny
Pussy
and all the rest of us –

É hora do
sentimento
Sei quanto nos sentimos sentimentais
instrumentais
sentimental
meramente incidentais
coincidentes
Nenhuma lágrima você verá
perdoe-me se sou
influência por sentimentos ternos
afetando as emoções
significando – sentimental tachado influenciada po
sentimentos
ternos
nós ou eu mesma

senso

sensata – sensível
Feliz aniversário e com amor (nós todos te amamos)
Noodle
Sam
Max
Tufo
Açúcar cândi
Xoxota
e todos os restantes outros –

First draw —

262

263

Feb 28

Dec 11

See in all the diaries —

always admired men who had great power

It must be that to a child of a dissatisfied woman the idea of [illegible] going is hollow —

Starts dream –
262
263
Feb 28

Dec 11
See in older journal –
always admired men who had many women.
It must be that to a child of a dissatisfied woman
the idea of monogamy is hollow

Nota: Os números 262 e 263 remetem, provavelmente, à mesma coletânea de temas da página 106 (série do Waldorf-Astoria). Os títulos correspondentes seriam, então, *While we're young* (262) e *Wonderful guy* (263).

Começa o sonho –
262
263
28 fev

11 dez
Veja no jornal mais antigo –
sempre admiraram homens que tinham muitas mulheres.
Para uma criança de uma mulher insatisfeita
a ideia de monogamia é oca

Pardon me - I'm sorry to wake you
But I wonder if you could help
me

I'm being abducted

you know - kidnapped - by him
I thought maybe as soon as
we got some place I'd ask the
driver to stop and let me off
But we been driving for hours
and we still don't seem to be
nowhere at all - not only that
but I'm freezing to death - I
aint got ~~[illegible]~~ nothing on under
my coat.

Pardon me – I'm sorry to wake you
But I wonder if you could help
me

I'm being abducted

you know – kidnapped – by <u>him</u>

I thought maybe as soon as
we <u>got</u> some place I'd ask the
driver to stop and let me off
But we been driving for hours
and we still don't seem to be
nowhere at all – not only that
but I'm freezing to death – I
ain't got much on under
my coat

Nota: Trata-se, com poucas variantes, de falas de uma cena de *Nunca fui santa*, quando Marilyn solicita a ajuda de uma jovem no ônibus para tentar escapar de Bo, o jovem caubói que quer, a todo custo, casar-se com ela.

Perdão — Sinto muito acordá-la
Mas gostaria de saber se você pode
me ajudar

Estou sendo abduzida
entende — sequestrada — por <u>ele</u>

Pensei que talvez assim que
<u>chegássemos</u> a algum lugar eu pediria
ao motorista para parar e me deixar sair
Mas estamos dirigindo faz horas
e ainda parece que não
estamos em lugar nenhum — não apenas isso
mas estou morrendo de frio — não
estou com muito embaixo do meu casaco

sleeping prince - for paula

don't stop Myself

Name tasks - 1 2 3 etc

T - weariness

write out part - Cory ma[illegible]

wait [illegible]

- cold

[illegible] lines lodgically

- I can't do more Than one thing at a time

Make map tonight

take my time to think -

Sleeping prince – for Paula

don't stop myself
Name tasks - 1 - 2 - 3 - 4 etc.

T – weariness

write out part – copying it

work on exercises
1 – cold

learn – lines logically

– I can't do more than
one thing at a time
make map tonight

take my time to think

Nota: *Sleeping prince* era o primeiro título do filme *O príncipe encantado*, cujas gravações ocorreram em Londres, em 1956. Pode-se, portanto, datar esta nota desse ano.

Príncipe adormecido — para Paula

não me fazer parar
Nomear desafios — 1 – 2 – 3 – 4 etc.

T – cansaço
passar a limpo o papel — copiá-lo

trabalhar nos exercícios
1 – frio

aprender — falas logicamente

— não posso fazer mais do que
uma coisa por vez
fazer mapa hoje à noite

reservar tempo para pensar

He said that
we became identified
as a sex symbol
That public never except me as
a virgin and as a nineteen year old

he wants to
feel he
alone

Eli
go
tennesse – wants
tells Eli –
new ending

I don't want anybody else

He said that
I've become so deified
as a sex symbol
that public never accept me as
a virgin and as a nineteen/twenty year old

he wants to
feel he discovers
and he alone is
responsible

reality
is better

Eli
g – his lose
tennessee – wants me

tells Eli –
new ending

I don't want anybody else

Nota: Marilyn queria interpretar a personagem de *Baby doll*, filme de Elia Kazan (1956) a partir de um roteiro de Tennessee William, tendo Eli Wallach em um dos papéis principais. Finalmente, Carrol Baker foi a escolhida.

Ele disse que me tornei tão endeusada como símbolo sexual
que o público nunca me (aceita) como
uma virgem e alguém de dezenove / vinte anos

ele quer
sentir que descobre
e só ele é
responsável

a realidade
é melhor

Eli
g — seu perdido
tennessel – me quer

diz Eli —
novo final

Não quero nenhuma outra pessoa

I feel the camera has got to look through Gay's eyes whenever he is in a scene and even when he is not - there still have to be a sense of him

He is the center and the rest move around him but I guess Houston will see to that

he is both subtle and overt in his leading them and in his cruelty and his tenderness (when he reaches out of himself for her - R.)

I feel the camera has got
to look through Gay's eyes
eyes whenever he is in a
scene and even when he is
not there still has to be a sense of
him.
He is the center and the
rest move around him
but I guess Houston will
see to that.
He is both subtle and
overt in his leading them
and in his cruelty and his tenderness
(when he reaches out of himself
for her – R).

Nota: Em meados de 1960 ocorre, em Nevada, a gravação do filme de John Huston (grafado, aqui, Houston), *Os desajustados*, a partir de um roteiro adaptado por Arthur Miller de uma de suas novelas. Logo de início, o ambiente é muito tenso, em particular entre o casal, cuja união naufraga definitivamente. Marilyn, meticulosa e perfeccionista, frequentemente chega atrasada, muito atrasada, com medo de não estar preparada, e, por vezes, abatida pelos medicamentos. Ela se sente muito impressionada por gravar com o seu ídolo de sempre, aquele que ela, por vezes, considerou ou sonhou como seu próprio pai, Clark Gable.
Marilyn já havia atuado sob a direção de John Huston em *O segredo das joias*, no qual ela tinha sido a revelação, apesar de um papel modesto. Com *Os desajustados*, ela aposta, de certo modo, sua própria vida, em uma proximidade desestabilizadora e magnífica que a põe à prova enormemente. É provável que essa nota tenha sido redigida durante a primeira metade das gravações, em julho.
Gay (Langland) é o nome do personagem encarnado por Clark Gable. O "R" final se refere a Roslyn (Taber), o personagem interpretado por Marilyn.

Sinto que a câmera tem que olhar pelos olhos de Gay
sempre que ele está em cena e até mesmo quando ele não
está ainda assim tem que existir um sentir dele.
Ele é o centro e o resto se move ao seu redor
mas imagino que Houston cuidará disso.
Ele é ao mesmo tempo sutil e claro em sua liderança
deles e em sua crueldade e sua suavidade
(quando ele sai de si por ela – R).

Marilyn no restaurante Costello, Nova York, 1955

NOTAS DE COZINHA

1955 ou 1956

Ao contrário da imagem de mulher desorganizada e caótica que, por vezes, se pode ter dela, Marilyn Monroe cuida com atenção, precisão e, por vezes, meticulosamente de alguns aspectos da vida cotidiana. Na época em que deve decorar um apartamento ou uma casa, ela multiplica as anotações, faz medições, coleciona amostras, prevê a disposição dos móveis e das cores. Do mesmo modo, quando prepara um jantar de aniversário para Helen Schneider, possivelmente no fim de 1955, em Nova York, ela faz uma lista vertiginosa de tudo o que deve preparar ou pedir, nos mínimos detalhes, até a decoração da mesa e as provisões dos banheiros. Talvez essa festa corresponda à instalação de Marilyn em um apartamento na esquina da Sutton Place com a Rua 57, após uma longa temporada no Waldorf-Astoria, em uma suíte cuja locação se revelou muito onerosa para a Marilyn Monroe Productions. No mais, Marilyn gostava de cozinhar de vez em quando e, por isso, anotava receitas e ingredientes.

ask for kitty + or clyde

my white dishes - all of them - from west port

my old silver candle holders

my paintings two - dutch women Angels big one an drunken

Get fire wood - what about silverware -

buy - white toilet seat

buy - hamper or gad thing for towels, bottles etc. for bath room or thing for back of door

buy - lamps for bedroom - also shades - take kirt with me -

buy foot stool & coffee table (ask M. moumulyin)

buy ... at h & taylors

buy two chairs - classic - for in front of piano also serves for extra guest chairs

buy brass ash trays one for M - one for k - one for me

buy chandliers - one for hall - one for dinning area take back the two glass & silver things

buy twelve linnin napkins - silver ware - for 12

buy birthday present for Helen -

have kirt paint places for chandleirs also where railing broke

have Milton & kirt put pictures in hallway - help me arrange room - & place

have - kirt saw off legs of candle holders

dry clean -
comforter

have wash -
bathroom rugs

send out laundry

call - ...

paintings 2 - coffee table

ask for Kitty & or Clyde
my white dishes – all of them from Westport
my old silver candle holders
my paintings two – dutch woman big one and drunken angels
get firewood – what about silverware
buy – white toilet seat
buy – hamper & or gold thing for bathroom & or thing for back of door for towels, bottles, etc
buy – lamps for bedroom – also shades take Kirt with me
buy foot stool & coffee table (ask M. Moumulion)
buy bar buy mirror at L. & Taylors
buy two chairs – classic – for in front of piano, also serves for extra guest chairs
buy brass ash trays one for M. one for L. one for me
buy chandeliers – one for hall – one for dining area – take back the two glass silver things
buy twelve linen napkins – silverware – for 12
buy birthday present for Helen –

have Kirt paint places for chandeliers also where railing broke
have Milton & Kirt put pictures in hallway – help me arrange room & place
have Kirt saw off legs of brass candle holders

dry clean comforter
have wash – bathroom rugs
send out laundry

call Moumulion
guest towels
paintings 2

coffee table
[indecipherable] glass bar

Nota: Kitty e Clyde são provavelmente empregados que ajudavam Marilyn Monroe em situações excepcionais.
Kirt parece ser uma espécie de faz-tudo.
Moumulion não foi identificado.
A referência a Milton Greene permite situar esse jantar de aniversário entre 1955 e 1956. Aliás, é em Westport que Milton Greene e sua mulher, Amy, tinham uma propriedade onde Marilyn ficou quando chegou à Costa Leste.

pedir a Kitty & ou Clyde
meus pratos brancos – todos de West Port
meus velhos candelabros de prata
minhas duas pinturas – a grande mulher holandesa e anjos embebedados
pegar lenha – e que tal talheres
comprar – assento sanitário branco
comprar – cesto & ou coisa dourada para banheiro & ou algo preto para trás da porta para toalhas, garrafas etc.
comprar – lâmpadas para quarto – também persianas levar Kirt comigo
comprar banquinho para pé & mesa de café (pedir a M. Moumulion)
comprar barra comprar espelho na L. & Taylors
comprar duas cadeiras – clássicas – para em frente do piano, tambem servem como cadeiras extras para visitas
comprar cinzeiros de bronze um para M. um para L. um para mim
comprar lustres – um para a sala – outro para área de jantar – levar de volta as duas coisas de vidro e prata
comprar doze guardanapos de linho – prataria – para 12
comprar presente de aniversário para Helen –

pedir a Kirt para pintar lugares para lustres também onde a balaustrada quebrou
pedir a Milton & Kirt para colocar fotos no corredor – me ajudar a organizar espqço & lugar
pedir a Kirt para serrar pernas dos candelabros de bronze

colcha para limpeza a seco
lavar – tapetes do banheiro
enviar roupas para lavar

ligar para Moumulion
toalhas para convidados
pinturas 2

mesa de café
barra de vidro

champane? at least some kind of wine with dinner
buy - liquor - Scotch - Gin - Vermouth

ordores - Caviar - others?

two roasts - 1 - prime ribs of beef 1 - turkey
have Hedda make dressing with endive hearts
large mixed green salad - avacado? (Also aspic?
not done too well
vetables - Frozen peas or in pod? - kitty's squash? or something
Potatoes - of some kind - ? ask kitty
Celery hearts - olives - scallions? - Radishes
ask Hedda about
Fruit & Ice cream for dessert - choc. & vinella
Coffee & cookies & danish pastery for later
Birthday Cake for Helen -

Geo. Leslie & me	2
Hedda & Norman	2
Ethorest Sessie	2
Helen & Isadore	2
George Brasilla & wife	2
Guy & friend with guitar	2

(Murry hill - 25409
French prov. white
marble top 2 sizes
coffee table
Buy for less
than he says.
Lloyds
Ha E 60

Blemindales
wine glass 12
Linne Napkins
larger (or more) Guest towels
Irony. Flakes or Snow
Rinso Blue or detergent

champagne? at least some kind of wine with dinner
buy – liquor – scotch – gin – vermouth –
hors d'œuvres – caviar – others?

two roasts – 1 prime ribs of beef – 1 turkey
have Hedda make dressing
large mixed green salad with endive hearts – avocado? (Also aspic?)
vegetables – frozen peas or in pod? – not done too well – Kitty's squash? or something
Potatoes – of some kind – ? ask Kitty
Celery hearts – olives – scallions ? – Radishes
ask Hedda about fruit & ice cream for dessert – choc & vanilla
Coffee & cookies & danish pastry for later
Birthday cake for Helen –
Geo. Leslie & me 2
Hedda & Norman 2
Ettore & Jessie 2
Helen & Isadore 2
George Brusilla [Braziller] & wife 2
Guy & friend with guitar 2

Murray Hill – 25400
french prov. white
marble top 2 sizes
coffee table
buy for less than he says
Loyds 116 E 60th

Bloomingdales
Wine glasses 12
linen napkins
6 or more guest towels

Ivory – flakes or snow
Rinso Blue or detergent

Nota: Bloomingdale's, grande loja da Lexington Avenue, não teve filial na Califórnia antes de 1996.
Geo. Leslie: não identificado.
Isadore é Isidor Schneider (1896-1976), nascido na Ucrânia, imigrou com sua família em 1904. Romancista e crítico, era amigo de Norman Rosten, conhecia Arthur Miller e trabalhava como revisor para George Braziller, na Grove Press. Sua mulher, Helen Berlin Schneider, é a pessoa de quem se comemora o aniversário.
Ettore Rella (1907-1988), poeta, dramaturgo, e sua mulher, Jessie.
George Braziller, nascido em 1955, criou sua editora em 1955. Sua mulher era Marsha.
Guy: não identificado.

champanhe? pelo menos algum tipo de vinho com o jantar
comprar – licor – uísque – gim – vermute –
hors d'oeuvres – caviar – outros?

dois assados – 1 costela de boi de qualidade – 1 peru
pedir a Hedda para preparar o molho
grande mistura de salada verde com endívia – abacate? (Também gelatina de carne?)
vegetais – ervilhas congeladas ou em vagem? – malpassadas - abóbora de Kitty? ou algo
Batatas – de algum tipo – ? pedir a Kitty
Aipo – azeitonas – cebola ? – Rabanetes
perguntar a Hedda sobre fruta & sorvete de sobremesa – choc & baunilha
Café & biscoitos & confeitaria dinamarquesa para mais tarde
Bolo de aniversário para Helen –
Geo. Leslie & eu 2
Hedda & Norman 2
Ettore & Jessie 2
Helen & Isadore 2
George Braziller & esposa 2
Guy & amigo com violão 2

Murray Hill-25400
francês prov. branco
topo de mármore 2 tamanhos
mesa de café
comprar por menos do que ele diz
Lloyds 116 E 60th

Bloomingdales
Copos para vinho 12
guardanapos de linho
6 ou mais toalhas para convidados

Marfim – em flocos ou em neve
Rinso Blue ou detergente

CITY TITLE INSURANCE COMPANY

68 SUTTER STREET — Phone GArfield 1-8530

"Complete Title and Escrow Service"

No garlic

sourdough
French bread - soak in cold water
wring out
for chicken then shred

giblets - boil in water - 5-10 min
liver
heart
then [illegible]

1 [illegible] & [illegible] onion chop & parsarly
four stalk celery chop together
[illegible] spices [illegible]
thyme [illegible] season
[illegible]
½ lb. [illegible] put in frying
pan [illegible] then mix

[illegible]

[illegible]

[illegible]

1 or 2 [illegible] beaten eggs
mix [illegible] salt & pepper inside chicken
or turkey - outside same & butter

no garlic
sourdough
french bread – soak in cold water wring out
then shred

for chicken giblets – boil in water – 5-10 min.
liver heart then chop

1 whole or ½ onion – chop & parsley four stalk celery chop together
following spices – put in rosemary
thyme – bay leaf – oregano – poultry seasoning – salt – pepper –
grated Parmesan cheese – 1 handful
½ lb.– ¼ lb ground round – put in frying pan – brown (no oil) then mix
raisin 1 ½ cups or more
walnuts
chestnuts } 1 cup chop nuts
peanuts

1 or 2 hard boiled eggs – chopped
mix together
salt & pepper inside chicken or turkey – outside same and butter >>>

sem alho
fermento
pão francês – molhar em água fria espremer
depois fatiar

para miúdos de galinha – ferver na água – 5-10 min., fígado coração depois cortar

1 cebola inteira ou ½ – picar & salsinha quatro caules aipo cortar juntos
temperos seguintes – pôr alecrim
tomilho – folha de louro – orégano – tempero de ave – sal – pimenta
Queijo parmesão ralado – 1 punhado
225 g – 112 g moído – colocar na frigideira – dourar (sem óleo) depois misturar
uvas-passas 1 ½ xícara ou mais
nozes
castanhas } 1 xícara castanhas picadas
amendoins

1 ou 2 ovos bem cozidos – picados
misturar junto sal & pimenta dentro da galinha ou peru – fora o mesmo e manteiga >>>

Sew up or clamp birds
put chicken or turkey in 350° oven

Roasting
Chicken - 3 or 4 lbs. or larger
cooks 30 min to 1. lbs.

Vinegar
oil
onion
spices
} brown chicken or pheasant

let cook in own juice
add little water as you go
½ glass vinegar - put in when half done
cooks 2 hours.
put potatoes
mushrooms - button canned
peas - fresh

>>> sew up or clamp birds
put chicken or turkey in 350° oven
roasting chicken cooks 3 or 4 lbs or larger 30 min to 1 lb.

Vinegar
oil
onion
spices
brown chicken
or pheasant

let cook in own juice
add little water as you go
½ glass vinegar – put in when half done
cooks 2 hours
put potatoes
mushroom – button canned
peas – fresh

costurar ou grampear aves
inserir galinha ou peru no fogão a 350º
>>> galinha assada cozinha 1,3 ou 1,6 kg ou mais 30 min para 450 g.

Vinagre
óleo
cebola
temperos
dourar galinha
ou faisão

deixar cozinha no próprio suco
adicionar um pouco de água pouco a pouco
½ copo de vinagre – colocar quando estiver na metade do preparo
cozinhar por 2 horas
colocar batatas
cogumelos – champignons em lata
ervilhas – frescas

Marilyn Monroe com Paula e Lee Strasberg, Nova York, 1955

LEE & PAULA STRASBERG

Quando desembarca em Nova York, no início de 1955, Marilyn logo encontra seu objeto de desejo: o Actors Studio, que lhe abrirá as portas para um novo status de artista. E rapidamente Lee Strasberg detecta nela um ser excepcional, moldado por um talento que deve encontrar como se expressar em sua totalidade. Mas Marilyn tem um grande defeito: seus atrasos. Lee é discreto sobre essa questão e, quando ela lhe confessa sua impossibilidade de chegar no horário, a resposta é cortante: "Ora, chegue antes". Compreende-se, portanto, o tom amável da folhinha em que, em um belo lapso tomado de empréstimo a um filme, ela fala de pontuação em vez de pontualidade.
A confiança de Marilyn em si mesma ainda continua frágil e rapidamente cede lugar à angústia e ao desespero. E o que pode acontecer se ela perde a concentração, esta única separação entre o ator e o suicídio, segundo uma fórmula marcante de Lee Strasberg?
Em fevereiro de 1961, Marilyn acredita estar indo para o hospital para um tratamento de repouso, mas acaba sendo trancada em uma cela psiquiátrica, na clínica Payne Whitney de Nova York. Seus amigos não podem responder aos seus chamados de socorro, pois, legalmente, não fazem parte da família (é Joe DiMaggio quem vai livrá-la desse pesadelo).
Em todo caso, Marilyn apresenta concatenação nos pensamentos. Em sua carta de 19 de dezembro de 1961, com um tom muito decidido e imbuída do sentimento de ter deixado para trás as areias movediças, ela expõe seu projeto de uma nova empresa de produção independente, que só tem sentido, a seu ver, se Lee Strasberg for associado (e, secundariamente, sua mulher e seus dois filhos na época, Susan e Johnny). Até o fim, ela quis escapar dos estúdios, mas, desta vez, o faz no próprio campo deles, em Hollywood.

oh
yes Mr. Oxley is always
complaining about my punctuation
So I'm careful to get here
before 9:00 Mr. Oxley is on
telephone won't you sit down

loose [illegible]

voice starts back [illegible]

Oh yes Mr. Oxley is always
complaining about my punctuation [sic]
so ~~now~~ I'm careful to get here
before 9:00. Mr. Oxley is on
telephone won't you sit down

loose letting go
voice starts back theatre

[following is written by Lee Strasberg]
Don't be nervous Marilyn
you are doing swell &
you look wonderful –
L.

Nota: É através dessa fala, tomada de empréstimo a *O inventor da mocidade* (filme de Howard Hawks, estreado em 1952, no qual o Sr. Oxley é o patrão de Marilyn), que o aluno incapaz de chegar na hora se dirige com humor ao seu professor (que talvez esteja ao telefone nesse momento). Lendo sua resposta, não é certo que Lee Strasberg tenha entendido a alusão da citação.

Oh sim o sr. Oxley está sempre
reclamando de minha pontuação [sic]
então ~~agora~~ estou tomando o cuidado de chegar aqui
antes das 9:00. O Sr. Oxley está no
telefone pode se sentar

solta desapegando
voz começa nos fundos do teatro

[o seguinte foi escrito por Lee Strasberg]
Não fique nervosa Marilyn
você está indo muito bem &
está linda –
L.

Dear Lee

One of the most personally helpful things I've heard so far in my life was what you said in class friday afternoon. It was helpful. ~~to~~ ~~That~~ I feel ~~as though~~ ~~I'm~~ ~~a little bit~~ freer - ~~[illegible]~~ more - I ~~can't~~ ~~think~~ ~~[illegible]~~ I mean by that more - relaxed. I am I don't mean it [illegible] it.

Dear Lee,

One of the most personally helpful
things I've heard so far in my
life was what you said in
class friday afternoon – it was helpful ~~in~~
~~that I feel as though I'm a little~~
~~bit freer also more I can't~~
~~think of any I mean by that~~
~~more relaxed~~ 2 and 2 don't
necessarly make 4.

Querido Lee,

Uma das coisas mais úteis pessoalmente
que ouvi até agora na minha
vida foi o que você disse na
aula da sexta à tarde — foi útil ~~no~~
~~que eu sinto como se fosse um~~
~~pouco mais livre — também mais — não~~
~~consigo pensar no que quero dizer com isso~~
~~mais relaxada~~ 2 e 2 não
necessariamente são 4.

Paula dear,

you asked me yesterday why –

I felt somehow (I'm only conscious of it this morning) that if I didn't have the control or the will to make myself do anything as simple as do it ~~right~~ I would never ~~to~~ be able to act or anything – I know it sounds crazy – maybe it was even superstitious I don't know – I don't know anything

Something has happened I think to make me lose my confidence. I don't know what it is.

All I know is I want to work

Oh paula I wish I knew why I am so anguished – I think maybe I am crazy like all the other members of my family were, when I was sick I was sure I was.

I'm so glad you are with me here!

Paula dear,
You asked me yesterday
why –
I felt somehow (I'm only
conceiving of it this morning)
that if I didn't have the
control or the will to make
myself do anything simple & do it right I
would never be able
to act or do anything – I know
it sounds crazy – maybe
it was even superstitious –
I don't know – I don't know
anything.
Something has happened
I think to make me lose
my confidence. I don't know
what it is.
All I know is I want
to work.

Oh Paula I wish I knew
why I am so anguished.
I think maybe I'm crazy
like all the other members
of my family were, when I
was sick I was sure I was.
I'm so glad you are with me here!

Paula querida,
Você me perguntou ontem por quê –
Senti de alguma forma (estou só pensando isto esta manhã) que se eu não tivesse o controle ou a vontade de me levar a fazer alguma coisa simples & fazê-la corretamente eu nunca seria capaz de atuar ou fazer nada – Sei que parece loucura – talvez até superstição – não sei – não sei de nada.
Algo aconteceu acho para me fazer perder minha confiança. Não sei o que é.
Tudo o que sei é que quero trabalhar.
Oh Paula eu queria saber por que sou tão angustiada.
Acho que talvez eu seja louca como todos os outros membros da minha família foram, quando estava doente eu tinha certeza que era.
Estou tão contente de você estar aqui comigo!

Hotel Bel-Air

701 Stone Canyon Road, Los Angeles 24

Dear Lee,

I'm embarrised to start this, but thank you for understanding and having changed my life - even though you changed it I still am lost - I mean I can't get myself together - I think its because everything is pulling against my concentration - everything one does or lives is impossible almost.

You once said, the first time I heard you talk at the actors studio that "there is <u>only concentration</u> between the actor and suiside." As soon as I walk into a scene I lose my mental relaxation for some reason, - which is my concentration. My will is weak but I can't stand anything. I sound crazy but I think I'm going crazy.

Thanks for letting Paula help me on the picture she is the only really warm woman I've known. Its just that I get before camera and my concentration and everything I'm trying to learn leaves me. Then I feel like I'm not existing in the human race at all.

Love,

Marilyn

Hotel Bel-Air

701 Stone Canyon Road, Los Angeles 24

Querido Lee,

Estou com vergonha de começar isso, mas obrigada pela compreensão e por ter mudado minha vida – mesmo que você a tenha mudado ainda estou perdida – quero dizer não consigo voltar ao rumo – acho que é porque tudo está indo contra a minha concentração – tudo o que se faz ou vive é quase impossível. Uma vez você disse, a primeira vez que o ouvi falando no Actors Studio que "existe apenas concentração entre o ator e suicídio." Assim que entro numa cena perco meu relaxamento mental por alguma razão – que é minha concentração. Minha vontade é fraca mas não aguento nada. Pareço louca mas acho que estou ficando louca.

Obrigada por deixar Paula me ajudar no filme ela é a única mulher afetuosa que já conheci. É que fico na frente da câmera e minha concentração e tudo o que estou tentando aprender me abandonam. E fico achando que não pertenço à raça humana de jeito nenhum.

Com amor,

Marilyn.

Nota: É provável que essa carta date do início de 1956, durante as gravações de *Nunca fui santa*, de Joshua Logan, o primeiro filme em que Marilyn tem Paula Strasberg como instrutora.

Dear Lee & Paula,

Dr Kris has had me put into the New York Hospital – psychiatric division under the care of two idiot doctors. they both should not be my doctors.

You haven't heard from me because I'm locked up with all these poor nutty people. I'm sure to end up a nut if I stay in this nightmare – please help me Lee, this is the last place I should be – maybe if you called Dr Kris and assured her of my sensitivity and that I must get back to class so I'll be better prepared for "rain"

over

Lee, I try to remember what you said once in class that "art goes far beyond science"

And the scarey memories around me I'd like to forget – like screaming woman etc.

please help me – if Dr Kris assures you I am all right – you can assure her I am not. I do not belong here!

I love you both.

Marilyn

P.S. forgive the spelling – and theres nothing to write on here. I'm on the dangerous floor!! its like a cell can you imagine – cement blocks. they put me in here because they lied to me about calling my doctor & Joe and they had the bathroom door locked so I broke the glass and outside of that I haven't done anything that is uncooperative

Dear Lee & Paula,
Dr. Kris has had me put into the New York Hospital – psichiatric division under the care of two idiot doctors – they both should not be my doctors.
You haven't heard from me because I'm locked up with all these poor nutty people.
I'm sure to end up a nut if I stay in this nightmare – please help me Lee, this is the last place I should be – maybe if you called Dr. Kris and assured her of my sensitivity and that I must get back to class so I'll be better prepared for "Rain".
Lee, I try to remember what you said once in class "that art goes far beyond science".
And the scare memories around me I'd like to forget – like screaming woman etc.
Please help me – if Dr. Kris assures you I am all right – you can assure her I am not.
I do not belong here!

I love you both.

Marilyn

P.S. forgive the spelling – and there is nothing to write on here. I'm on the dangerous floor!! It's like a cell can you imagine – cement blocks. They put me in here because they lied to me about calling my doctor & Joe and they had the bathroom door locked so I broke the glass and outside of that I haven't done anything that is uncooperative

Nota: "Rain" é um projeto de filme para a televisão, adaptado do escritor Somerset Maugham, que deveria ter sido dirigido por Lee Strasberg, com Marilyn Monroe e John Gielgud nos papéis principais. O filme não foi realizado por causa de um desacordo entre a rede NBC e Lee Strasberg.

Queridos Lee & Paula,
Dra. Kris me colocou no Hospital de Nova York – divisão psiquiátrica aos cuidados de dois médicos idiotas – ambos não deveriam ser meus médicos.
Vocês não receberam notícias minhas porque estou trancada com todas essas pobres pessoas loucas. Tenho certeza de que acabarei louca se continuar neste pesadelo – por favor me ajude Lee, este é o último lugar onde eu deveria estar – talvez se você ligasse para a Dra. Kris e a assegurasse da minha sensibilidade e de que eu devo voltar à aula para que eu esteja mais pronta para "Rain".
Lee, tento me lembrar do que você disse uma vez na aula "que a arte vai muito além da ciência".
E as memórias assustadoras ao meu redor que eu gostaria de esquecer – como mulher gritando etc.
Por favor me ajude – se a Dra. Kris lhe assegurar que estou bem – pode assegurar a ela que não estou.
Este não é meu lugar!

Amo vocês dois.

Marilyn

P.S. perdoe a ortografia – e não há nada em que escrever aqui. Estou no andar perigoso!! É como uma cela dá para imaginar – blocos de cimento. Eles me puseram aqui porque eles mentiram para mim sobre ligar para minha médica & Joe e eles trancaram a porta do banheiro então quebrei o vidro e fora isso não fiz nada que não fosse cooperativo.

December 19, 1961

Mr. Lee Strasberg
135 Central Park West
New York 23, New York

Dear Lee:

This is an important personal letter and please don't start to read it until you have the time to give it your careful thought. This letter concerns my future plans and therefore concerns yours as well since my future development as an artist is based on our working together. All this is an introduction; let me outline the recent events, my ideas and my suggestions.

As you know, for years I have been struggling to find some emotional security with little success, for many different reasons. Only in the last several months, as you detected, do I seem to have made a modest beginning. It is true that my treatment with Dr. Greenson has had its ups and downs, as you know. However, my overall progress is such that I have hopes of finally establishing a piece of ground for myself to stand on, instead of the quicksand I have always been in. But Dr. Greenson agrees with you, that for me to live decently and productively, I must work! And work means not merely performing professionally, but to study and truly devote myself. My work is the only trustworthy hope I have. And here, Lee, is where you come in. To me, work and Lee Strasberg are synonymous. I do not want to be presumptuous in expecting you to come out here for me alone. I have contacted Marlon on this subject and he seems to be quite interested, despite the fact that he is in the process of finishing a movie. I shall talk with him more thoroughly in a day or two.

Furthermore, and this must be kept confidential for the time being, my attorneys and I are planning to set up and independent production unit, in which we have envissaged an important position for you. This is still in the formative phase, but I am thinking of you in some consultative position or in whatever way you might see fit. I know you will want enough freedom to pursue your teaching and any other private interests you might want to follow.

Though I am committed to my analysis, as painful as it is, I cannot definitively decide, until I hear from you, because without working with you only half of me is functioning. Therefore, I must know under what conditions you might consider coming out here and even settling here.

19 de dezembro, 1961

Sr. Lee Strasberg
135 Central Park West
Nova York 23, Nova York

Querido Lee,

Esta é uma carta importante e por favor não comece a lê-la até que tenha tempo para dar toda sua atenção a ela. Esta carta se refere aos meus planos futuros e portanto se refere também a você já que meu futuro desenvolvimento como artista é baseado em nós trabalharmos juntos. Tudo isso é uma introdução; deixe-me resumir os eventos recentes, minhas ideias e minhas sugestões.

Como sabe, durante anos tenho lutado para encontrar um pouco de segurança emocional com pouco sucesso, por muitas razões diferentes. Apenas nos últimos meses, como você detectou, tenho tido um começo modesto. É verdade que meu tratamento com Dr. Greenson tem tido seus altos e baixos, como você sabe. Contudo, meu progresso de forma geral é tal que tenho esperanças de finalmente estabelecer um pedaço de chão firme no qual me apoiar, em vez da areia movediça onde sempre estive. Mas Dr. Greenson concorda com você que, para que eu possa viver decentemente e produtivamente, devo trabalhar! E trabalhar não significa meramente atuar profissionalmente, mas estudar e me dedicar verdadeiramente. Meu trabalho é a única esperança com que posso contar. E é aqui, Lee, que você entra. Para mim, trabalho e Lee Strasberg são sinônimos. Não quero ser presunçosa de esperar que você venha até aqui só por minha causa. Contatei Marlon sobre esse assunto e ele parece estar bastante interessado, apesar do fato de que ele está terminando um filme. Falarei com ele com mais calma nos próximos dias.

Além disso, e isto deve ser mantido confidencial por enquanto, meus advogados e eu estamos planejando montar uma unidade independente de produção, na qual prevemos uma posição importante para você. Esta ainda é uma fase formativa mas estou pensando em você numa posição de consultoria ou em qualquer uma que você ache adequada. Sei que você vai querer liberdade suficiente para continuar seu ensino e outros interesses privados a que possa querer se dedicar.

Apesar de estar comprometida com minha análise, por mais dolorosa que seja, não posso decidir definitivamente até saber o que você pensa, porque trabalhar sem você é metade de mim funcionando. Portanto, preciso saber sob que condições você consideraria vir para cá ou até se estabelecer aqui.

I know this might sound quite fantastic, but if you add up all the possible advantages it should be a quite rewarding venture. I mean not only for Marlon and me -- but for others. This independent production unit will also be making pictures without me -- this is even required for legal reasons. This will offer an opportunity for Susan if she should be interested and perhaps even for Johnny. And Paula would have a great many opportunities for coaching. As for you, Lee, I still have the dream of you some day directing me in a film! I know this is a big step to take, but I have the wish that you might realize out here some of the incomplete hopes that were perhaps not fulfilled for you, like Lincoln Center, etc.

So I don't know how else to persuade you. I need you to study with and I am not alone in this. I want to do everything in my power to get you to come out -- within reason -- as long as it is to your advantage as well as mine. So, Lee, please think this over carefully; this is an awfully important time of my life and since you mentioned on the phone that you too felt things were unsettled, I have dared to hope.

I have meetings set up with Marlon and also with my attorneys and will phone you if there are any important new developments. Otherwise, please get in touch with me.

My love to all of you,

Marilyn

Sei que isso pode soar um tanto fantástico, mas se você somar todas as possíveis vantagens essa pode ser uma iniciativa bastante recompensadora. Quero dizer não só para Marlon e eu – mas para outros. Essa produção independente também fará filmes sem mim – isso é até requerido por motivos legais. Isso oferecerá uma oportunidade para Susan se ela tiver interesse e talvez até Johnny. E Paula teria muitas ótimas oportunidades para orientar pessoas. No seu caso, Lee, ainda tenho o sonho de você me dirigir um dia num filme! Sei que esse é um grande passo para dar, mas tenho o desejo de que talvez você realize aqui algumas das esperanças incompletas que talvez não tenham sido realizadas por você, como o Lincoln Center etc.

Então não sei outra forma de persuadi-lo. Preciso que estude comigo e não estou sozinha nisso. Quero fazer tudo a meu alcance para trazê-lo para cá – dentro do bom-senso – desde que seja vantajoso tanto para você quanto para mim. Então, Lee, por favor pense com carinho sobre isso; esta é uma fase terrivelmente importante na minha vida e, como você mencionou no telefone que você também sentia que as coisas estavam incertas, tenho ousado ter esperança.

Tenho reuniões marcadas com Marlon e também com meus advogados e telefonarei para você se algo importante aparecer. De qualquer forma, por favor entre em contato comigo.

Meu amor para todos vocês,

Marilyn.

Marilyn Monroe com Lee Strasberg em um café
perto do Carnegie Hall, em Nova York

CARTA À DRA. HOHENBERG

1956

Uma das condições estabelecidas por Lee Strasberg para que Marilyn Monroe ingressasse no Actors Studio e se iniciasse em seu "método" era que ela começasse uma psicanálise.

Desde a primavera de 1955, a atriz frequenta, de três a cinco vezes por semana, a clínica da dra. Margaret Hohenberg, no 155 East da Rua 93, em Nova York.

Margaret Hohenberg, nascida em 1898 na Eslováquia, de pais judeus, havia estudado em Viena, Budapeste e Praga; depois, instalou-se em Viena até fugir da Áustria, em 1938, após a *Anchluss*, estabelecendo-se inicialmente em Londres, por um ano, e depois em Nova York, desde 1939. Era Milton Greene, também ele seu paciente, que havia feito a recomendação a Marilyn, e, curiosamente, a dra. Hohenberg a aceitou, apesar dos evidentes riscos de interferência entre a situação de seus dois pacientes, estreitamente ligados profissionalmente. Aliás, logo após a demissão de Milton Greene da Marilyn Monroe Productions, a atriz terminou essa relação e nunca mais retornou ao consultório.

Uma fatura feita pela dra. Hohenberg, com data de 1º de agosto de 1962, parece, entretanto, mostrar que Marilyn retomou o contato com sua antiga psicanalista nessa época, para consultas por telefone, ao custo total de 840 dólares.

Dear Dr Hohenberg

I've been wondering myself why I don't write to you ~~I thought it has to do with the fact that~~ I've been feeling I was taken away from you (which you aren't) that you sent me away from you —

On the whole, things are going along rather well so far

M.C.A., our agent, and Stein, our lawyer, ~~[illegible]~~ are dealing with Natasha but - we'll see —

I have a strange feeling about Paula I mean - she works differently than Lee

Anyway ~~[illegible]~~ I keep feeling I want her

but she is a wonderful and warm person - which also bewilders me able to do the part when I have felt it like a horrible nightmare

Also I guess I didn't write you before this because I was waiting to see if I would get shot - first.

Arthur writes me every day - at least ~~[illegible]~~ it gives me ~~[illegible]~~ air to breathe - I can't get used to the fact that he loves me and I keep waiting for him to stop loving me though I hope he never will - but I keep telling myself - who knows?

Dear Dr. Hohenberg,

I've been wondering
myself why I don't
write to you.
~~I think it has to do with the fact that~~
I've been feeling I was taken
away from you (with your consent) or
that you sent me
away from you –
On the whole, things
are going along rather
well so far
M. C. A. our agents, and
Stein, our lawyer ~~are dealing~~
have dealt with Natasha
but – we'll see –
I have a strange
feeling about Paula.
I mean – she works
differently than Lee
but she is a wonderful
and warm person – which also
bewilders me
Anyway I keep
feeling I won't be
able to do the part
when I have to it's
like a horrible nightmare.
Also I guess I didn't
write you before this
because I was waiting
to see if I would get
shot first.
Arthur writes me
every day – at least it
gives me ~~a little~~ air to
breathe – I can't get
used to the fact that he
loves me and I keep
waiting for him to
stop loving me – though I hope
he never will – but I keep
telling myself – who knows?

Nota: MCA (Music Corporation of America) é uma poderosa agência de atores com a qual Marilyn assinou um contrato em janeiro de 1953, abandonando, então, a William Morris Agency. Em seu livro *Marilyn e eu*, Susan Strasberg relata um testemunho do ator Ralph Roberts, o massagista de Marilyn, sobre um episódio ocorrido em 1962: "Ela me perguntou se eu havia escutado rumores que diziam respeito a Bobby Kennedy e ela. 'É tudo mentira', ela me disse. 'Aliás, ele é magricelo. Bobby está tentando destruir a M. C. A. e pediu minha ajuda'. De fato, a MCA teve de suspender suas atividades de produção por causa de um processo impetrado pelo secretário de Defesa, Robert Kennedy, em julho de 1962
Irving Stein foi, com Frank Delaney, um dos advogados da Marilyn Monroe Productions.
Natasha Lytess foi designada como instrutora de Marilyn em 1948 pela Columbia. As duas trabalharam juntas em cerca de vinte gravações, até que Marilyn escolheu Paula Strasberg para auxiliá-la nas cenas de *Nunca fui santa*, no início de 1956. Natasha Lytess não aceitou bem essa ruptura.

Querida Dra. Hohenberg,
Venho pensando
comigo por que não
escrevo para você.
Tenho me sentido que fui
afastada de você (com seu consentimento) ou
que você me afastou de você –
no geral, as coisas
têm andado bem
até agora
M. C. A. nossos agentes, e
Stein, nosso advogado
têm lidado com Natasha
mas – veremos –
Tenho um pressentimento
estranho sobre Paula
Quero dizer – ela trabalha
diferente de Lee
mas ela é uma pessoa
maravilhosa e afetiva – o que também
me desconcerta
De todo jeito fico
sentindo que não serei
capaz de fazer o papel
quando precisar é
como um pesadelo horrível.
Também acho que não
escrevi isto para você antes
porque eu estava esperando
para ver se eu seria
capturada primeiro.
Arthur me escreve
todos os dias – pelo menos
isso me dá ar para
respirar – não consigo me
acostumar ao fato de que ele
me ama e fico
esperando ele
parar de me amar apesar de ter esperança
de que ele nunca o fará – mas fico me
dizendo – quem sabe?

CARTA AO DR. GREENSON

1961

Desde 1960, a conselho de Marianne Kris (sua psicanalista na época, em Nova York), Marilyn começou uma consulta analítica com o Dr. Ralph Greenson. A longa carta que ela lhe escreve entre 2 e 3 de março de 1961 data de cerca de três semanas após o desastroso episódio da clínica Payne Whitney, que a pôs diante de um de seus piores medos, o de terminar em um hospital psiquiátrico como sua avó e sua mãe: o espectro da loucura familiar, hereditária. Marilyn encontra-se, nessa época, convalescendo no Presbyterian Medical Center da Universidade Columbia, de onde sairá dois dias depois, em 5 de março. Suas leituras giram em torno de Freud, particularmente sua correspondência. É, portanto, de seu leito que ela escreve a fim de voltar em detalhes à sua internação e à sequência de mal-entendidos que a levou a uma cela de isolamento. Pode-se imaginar o seu desespero diante dos cérebros da normalidade, prontos a condená-la definitivamente. E é quase surpreendente o tom moderado que ela adota acerca da dra. Kris e a distância que ela toma por vezes, evocando uma cena de *Almas desesperadas* (realizado por Roy Baker, em 1952) como fonte de inspiração de sua crise de revolta e de sua (fingida) ameaça de suicídio. Nesta carta impactante, encontramos também o modo, muito particular em Marilyn, de passar para algo positivo, de esquecer suas angústias: ocorre aqui a sua reconciliação com Joe DiMaggio, durante as festividades de Natal.

Dear Dr. Greenson,

I'm having May Reis type this because it's not very clearly written, but I have also included these notes and you will see what I mean.

M.M.

March 2, 1961

Querido Dr. Greenson,

Estou pedindo para May Reis datilografar isto porque não está escrito muito claramente, mas também incluí estas notas e você entenderá o que quero dizer.

M. M.

2 de março, 1961

Nota: May Reis era a assistente pessoal de Marilyn desde meados dos anos 1950.

March 1,1961

Just now when I looked out the hospital window where the snow had covered everything suddenly everything is kind of a muted green. The grass, shabby evergreen bushes -- though the trees give me a little hope -- the desolate bare branches promising maybe there will be spring and maybe they promise hope.

Did you see "The Misfits" yet? In one sequence you can perhaps see how bare and strange a tree can be for me. I don't know if it comes across that way for sure on the screen -- I don't like some of the selections in the takes they used. As I started to write this letter about four quiet tears had fallen. I don't know quite why.

Last night I was awake all night again. Sometimes I wonder what the night time is for. It almost doesn't exist for me -- it all seems like one long, long horrible day. Anyway, I thought I'd try to be constructive about it and started to read the letters of Sigmund Freud. When I first opened the book I saw the picture of Freud inside opposite the title page and I burst into tears -- he looked very depressed (which must have been taken near the end of his life) that he died a disappointed man -- but Dr. Kris said he had much physical pain which I had known from the Jones book -- but I know this too to be so but still I trust my instincts because I see a sad disappointment in his gentle face. The book reveals (though I am not sure anyone's love-letters should be published) that he wasn't a stiff! I mean his gentle, sad humor and even a striving was eternal in him. I haven't gotten very far yet because at the same time I'm reading Sean O'Casey's first autobiography --(did I ever tell you how once he wrote a poem to me?) This book disturbs me very much in a way one should be disturbed for these things --after all,

There was no empathy at Payne-Whitney -- it had a very bad effect -- they asked me after putting me in a "cell" (I mean cement blocks and all) for <u>very disturbed</u> depressed patients(except I felt I/was in some kind

1º de Março, 1961

Bem agora quando olhei pela janela do hospital onde a neve cobriu tudo de repente tudo está meio que verde embotado. A grama, arbustos verdes desgastados – apesar de as árvores me darem um pouco de esperança – os galhos nus e desolados prometem que talvez haverá primavera que talvez eles prometam esperança.

Você já viu "Os Desajustados"? Em uma sequência você talvez consiga ver quão nua e estranha uma árvore pode ser para mim. Não sei se você vê isso dessa forma na tela – não gosto de algumas seleções que usaram nas cenas. Quando comecei a escrever esta carta cerca de quatro lágrimas silenciosas tinham caído. Não sei exatamente por quê.

Ontem à noite fiquei acordada a noite toda novamente. Às vezes fico pensando para que serve a noite. Ela quase não existe para mim – ela só parece um longo e horrível dia. Enfim, pensei que eu deveria tentar ser construtiva nesse aspecto e comecei a ler as cartas de Sigmund Freud Na primeira vez que abri o livro, vi a foto de Freud dentro oposta à página de título e desatei a chorar – ele parecia muito deprimido (deve ter sido tirada perto do fim da vida dele) que ele morreu um homem desapontado – mas a Dra. Kris disse que ele passou por muita dor física o que eu sabia por meio do livro de Jones – mas também sei que isso é assim no entanto confio nos meus instintos porque vejo um desapontamento triste na face delicada dele.

O livro revela (apesar de eu não ter certeza se as cartas de amor de uma pessoa devem ser publicadas) que ele não era um pomposo: quero dizer que seu humor gentil e triste e até seu esforço eram eternos nele. Ainda não avancei muito porque estou lendo ao mesmo tempo a primeira autobiografia de Sean O'Casey – (alguma vez já lhe falei que uma vez ele escreveu um poema para mim?) Esse livro me perturba bastante de uma forma que uma pessoa deve ser perturbada por essas coisas – afinal.

Não havia empatia no Payne-Whitney – teve um efeito muito ruim – eles me perguntaram após me colocar dentro de uma "cela" (quero dizer blocos de cimento e tudo o mais) para pacientes deprimidos muito perturbados (só que senti que estava numa espécie de

of prison for a crime I hadn't comitted. The inhumanity there I found archaic. They asked me why I wasn't happy there (everything was under lock and key; things like electric lights, dresser draws, bathrooms, closets, bars concealed on the windows -- the doors have windows so patients can be visible all the time, also, the violence and markings still remain on the walls from former patients).
I answered: "Well, I'd have to be nuts if I like it here" then there screaming women in their cells -- I mean they screamed out when life was unbearable I guess -- at times like this I felt an available psychiatrist should have talked to them. Perhaps to alleviate <u>even</u> temporarily their misery and pain. I think they (the doctors) might learn something even -- but all are only interested in something from the books they studied -- I was surprised because they <u>already</u> knew that! Maybe from some live suffering human being maybe they could discover more -- I had the feeling they looked more for discipline and that they let their patients <u>go</u> after the patients have "given up". They asked me to mingle with the patients, to go out to O.T. (Occupational Therapy). I said: "And do what?" They said: "You could sew or play checkers, even cards and maybe knit". I tried to explain <u>the day I did that</u> they would have a nut on their hands. These things were furthest from my mind. They asked me why I felt I was "different" (from the other patients, I guess) so I decided if they were really that stupid I must give them a very simple answer so I said: "I just am".

The first day I <u>did</u> "mingle" with a patient. She asked me why I looked so sad and suggested I could call a friend and perhaps not be so lonely. I told her that they had told me that there wasn't a phone on that floor. Speaking of floors, they are all <u>locked</u> -- no one could go in and no one could go out. She looked shocked and shaken and said "I'll take you to the phone" -- while I waited in line

prisão por um crime que não cometi. A desumanidade que encontrei lá achei arcaica. Eles me perguntaram por que não estava feliz lá (tudo estava sob chave e cadeado; coisas como luzes elétricas, gavetas, banheiros, armários, barras escondidas nas janelas – as portas têm janelas para que os pacientes estejam sempre visíveis, a violência e marcas também permanecem nas paredes dos outros pacientes). Respondi: "Bem, eu teria que ser doida se gostasse daqui" depois mulheres gritando de suas celas – quero dizer que elas gritavam como se a vida fosse insuportável imagino – em momentos assim eu sentia que um psiquiatra disponível deveria ter falado com elas. Talvez para aliviar mesmo temporariamente o sofrimento e a dor delas. Acho que eles (os médicos) poderiam até aprender algo – mas todos só estão interessados em algo dos livros que estudaram – fiquei surpresa porque eles já sabiam disso.
Talvez de algum ser humano em sofrimento talvez eles pudessem descobrir mais – tive a sensação de que procuravam mais por disciplina e que deixavam os pacientes irem após os pacientes terem "desistido". Eles me pediram para me socializar com os pacientes, sair para a T.O. (Terapia Ocupacional). Eu disse: "E fazer o quê?". Eles disseram "Você pode costurar ou jogar xadrez, até cartas e quem sabe tricotar." Tentei explicar que no dia que fizesse isso eles teriam uma louca em suas mãos. Essas coisas eram as mais distantes da minha mente. Eles me perguntaram por que eu sentia que sou "diferente" (dos outros pacientes imagino) então eu decidi que se eles são realmente tão burros tenho que dar uma resposta muito simples portanto eu disse: "Eu apenas sou".

No primeiro dia eu realmente me "socializei" com uma paciente. Ela me perguntou por que eu parecia tão triste e sugeriu que eu ligasse para um amigo e talvez não ficasse tão só. Falei para ela o que eles tinham me falado sobre não haver telefone naquele andar. Falando de andares, todos eles são trancados – ninguém pode entrar e ninguém pode sair. Ela parecia chocada e trêmula e disse "Levarei você até o telefone" – enquanto esperei na fila

for my turn for the use of the phone I observed a guard (since he had on a gray knit uniform) as I approached the phone he straight-armed the phone and said very sternly: "You can't use the phone". By the way, they pride themselves in having a home-like atmosphere. I asked them (the doctors) how they figured that. They answered: "Well, on the sixth floor we have wall-to-wall carpeting and modern furniture" to which I replied: "Well, that any good interior decorator could provide -- providing there are the funds for it" but since they are dealing with human beings why couldn't they perceive even an interior of a human being".

The girl that told me about the phone seemed such a pathetic and vague creature. She told me after the straight-arming "I didn't know they would do that". Then she said "I'm here because of my mental condition -- I have cut my throat several times and slashed my wrists" --she said either three or four times.

I just thought of a jingle:

"Mingle - but not if you
were just born single"

Oh, well, men are climbing to the moon but they don't seem interested in the beating human heart. Still one can change but won't -- by the way, that was the original theme of THE MISFITS -- no one even caught that part of it. Partly because, I guess, the changes in the script and some of the distortions in the direction and .....

LATER WRITTEN

I know I will never be happy but I know I can be gay! Remember I told you Kazan said I was the gayest girl he ever knew and believe me he has known many. But he loved me for one year and once rocked me to sleep one night when I was in great anguish. He also suggested that I go into analysis and later wanted me to work with his teacher, Lee Strasberg.

Was it Milton who wrote: "The happy ones were never born"? I know

minha vez de usar o telefone observei um guarda (já que ele estava com um uniforme cinza) enquanto me aproximei do telefone ele esticou seu braço e disse muito severamente: "Você não pode usar o telefone". Por sinal, eles se orgulham de ter uma atmosfera caseira. Perguntei a eles (os médicos) como eles concluíram isso. Eles responderam: "Bem, no sexto andar temos carpetes nas paredes e mobílias modernas" ao qual respondi: "Bem isso qualquer bom decorador pode oferecer – desde que haja fundos para isso" mas já que estão lidando com seres humanos por que eles não conseguiam perceber o interior de um ser humano".

A garota que me falou sobre o telefone parecia uma criatura muito vaga e patética. Ela me falou depois da proibição "eu não sabia que eles podiam fazer isso". Depois ela disse "estou aqui por causa da minha condição mental – cortei meu pescoço várias vezes e cortei meus punhos" – ela disse ou três ou quatro vezes.

Acabei de pensar num jingle:

"Misture-se – mas não se
você nasceu solitária"

Oh, bem, homens estão indo à Lua mas eles não parecem interessados no coração humano pulsante. Ainda assim alguém pode mudar mas não o fará – por sinal, esse foi o tema original de OS DESAJUSTADOS – ninguém viu sequer uma parte dele. Em parte por causa, imagino, das mudanças no roteiro e algumas das distorções na direção e .....

ESCRITO DEPOIS

Sei que nunca serei feliz mas sei que posso ser contente! Lembra que contei para você que Kazan disse que eu era a garota mais contente que ele já conheceu e acredito que ele conheceu várias. Mas ele me amou por um ano e uma vez me ninou para dormir uma noite quando eu estava passando por uma grande angústia. Ele também sugeriu que eu começasse a análise e depois queria que eu trabalhasse com o professor dele, Lee Strasberg.

Foi Milton quem escreveu: "Os felizes nunca nasceram"? Eu conheço

at least two psychiatrists who are looking for a more positive approach.

THIS MORNING, MARCH 2

I didn't sleep again last night. I forgot to tell you something yesterday. When they put me into the first room on the sixth floor I was not told it was a Psychiatric floor. Dr. Kris said she was coming the next day. The nurse came in (after the doctor, a psychiatrist) had given me a physical examination including examining the breast for lumps. I took exception to this but not violently only explaining that the medical doctor who had put me there, a stupid man named Dr. Lipkin had already done a complete physical less than thirty days before. But when the nurse came in I noticed there was no way of buzzing or reaching for a light to call the nurse. I asked why this was and some other things and she said this is a psychiatric floor. After she went out I got dressed and then was when the girl in the hall told me about the phone. I was waiting at the elevator door which looks like all other doors with a door-knob except it doesn't have any numbers (you see they left them out). After the girl spoke with me and told me about what she had done to herself I went back into my room knowing they had lied to me about the telephone and I sat on the bed trying to figure if I was given this situation in an acting improvisation what would I do. So I figured, it's a squeaky wheel that gets the grease. I admit it was a loud squeak but I got the idea from a movie I made once called "Don't Bother to Knock". I picked up a light-weight chair and slammed it, and it was hard to do because I had never broken anything in my life -- against the glass intentionally. It took a lot of banging to get even a small piece of glass - so I went over with the glass concealed in my hand and sat quietly on the bed waiting for them to come in. They did, and I said to them "if you are going to treat me like a

pelo menos dois psiquiatras que estão em busca de uma abordagem mais positiva.

ESTA MANHÃ, 2 DE MARÇO

Não dormi novamente ontem à noite. Esqueci de lhe contar algo ontem. Quando eles me colocaram no primeiro quarto do sexto andar não me foi dito que era um andar Psiquiátrico. A Dra. Kris disse que viria me ver no dia seguinte. A enfermeira entrou (após o médico, o psiquiatra) tinha feito um exame físico incluindo exame dos seios atrás de nódulos. Fui contra isso mas não violentamente apenas explicando que o médico que tinha me colocado ali, um homem burro chamado Dr. Lipkin tinha feito um exame completo menos de trinta dias antes. Mas quando a enfermeira entrou notei que não havia jeito de apertar um botão ou ligar a luz para chamar uma enfermeira. Perguntei por que era assim e ela disse que aquele era um andar psiquiátrico. Depois que ela saiu eu me vesti e foi aí que a garota no corredor me falou do telefone. Estava esperando na porta do elevador que parece como todas as outras portas com um trinco exceto que não tem números (perceba que eles não colocaram). Após a garota falar comigo e falar sobre o que ela fez consigo voltei ao meu quarto sabendo que eles tinham mentido para mim sobre o telefone e me sentei na cama tentando imaginar se me dessem essa situação numa improvisação de atores o que eu faria. Então pensei, é uma roda barulhenta que consegue o óleo. Admito que o barulho foi alto mas tirei a ideia de um filme que fiz certa vez chamado "Almas desesperadas". Levantei uma cadeira leve e a bati com força, e foi difícil fazer isso porque nunca quebrei nada na minha vida – contra o vidro intencionalmente. Tive que bater muito para conseguir apenas um pequeno pedaço de vidro – então fui até lá com o vidro escondido em minha mão e me sentei silenciosamente na minha cama esperando eles entrarem. Eles entraram, e disse para eles "se vocês vão me tratar como uma

nut I'll act like a nut". I admit the next thing is corny but I really did it in the movie except it was with a razor blade. I indicated if they didn't let me out I would harm myself -- the furthest thing from my mind at that moment since you know Dr. Greenson I'm an actress and would never intentionally mark or mar myself, I'm just that vain. Remember when I tried to do away with myself I did it very carefully with ten seconal and ten tuonal and swallowed them with relief (that's how I felt at the time.) I didn't cooperate with them in any way because I couldn't believe in what they were doing. They asked me to go quietly and I refused to move staying on the bed so they picked me up by all fours, two hefty men and two hefty women and carried me up to the seventh floor in the elevator. I must say at least they had the decency to carry me face down. You know at least it wasn't face up. I just wept quietly all the way there and then was put in the cell I told you about and that ox of a woman one of those hefty ones said: "Take a bath". I told her I had just taken one one the sixth floor. She said very sternly: "As soon as you change floors you have to take another bath". The man who runs that place, a high-school principal type, although Dr. Kris refers to him as an "administrator" he was actually permitted to talk to me, questioning me somewhat like an analyst. He told me I was a very, very sick girl and had been a very, very sick girl for many years. He looks down on his patients because I'll tell you why in a moment. He asked me how I could possibly work when I was depressed. He wondered if that interfered with my work. He was being very firm and definite in the way he said it. He actually stated it more than he questioned me so I replied: "Didn't he think that perhaps Greta Garbo and Charlie Chaplin perhaps and perhaps Ingrid Bergman they had been depressed when they worked sometimes but I said it's like saying a ball player like DiMaggio if he could hit ball when he was depressed. Pretty silly.

louca eu vou agir como louca". Admito que a próxima coisa é melodramática mas realmente fiz isso no filme exceto que foi com uma lâmina. Indiquei que se eles não me deixassem sair eu me machucaria – apesar de ser a coisa mais improvável na minha mente nesse momento já que você sabe Dr. Greenson eu sou uma atriz e jamais faria marcas em mim ou cicatrizes intencionalmente, sou vaidosa assim. Você se lembra de quando tentei acabar comigo eu fiz isso com muito cuidado com dez comprimidos de seconal e dez comprimidos de tuonal e os engoli com alívio (foi assim que me senti na hora.) Não cooperei com eles de nenhuma forma porque não acreditava no que estavam fazendo. Eles me pediram para ir silenciosamente e eu recusei a me mover permanecendo na cama então eles me levaram todos os quatro, dois homens robustos e duas mulheres robustas, e me carregaram para o sétimo andar no elevador. Devo dizer que pelo menos eles tiveram a decência de me carregar com o rosto para baixo. Sabe pelo menos não foi com o rosto para cima. Simplesmente chorei silenciosamente durante todo o percurso até lá e depois fui colocada na cela sobre a qual lhe falei e aquela mulher gigante uma das robustas disse: "Tome um banho". Falei para ela que já tinha tomado um no sexto andar. Ela disse muito seriamente: "Assim que você muda de andar é preciso tomar outro banho". O homem que comanda aquele lugar, um tipo diretor de colégio, apesar de a Dra. Kris se referir a ele como um "administrador" ele foi de fato autorizado a falar comigo, me interrogando como um analista. Ele me disse que eu era uma garota muito, muito doente e tinha sido uma garota muito, muito doente por muitos anos. Ele olha os seus pacientes de cima porque lhe direi o motivo num momento. Ele me perguntou como eu conseguia trabalhar se eu estava deprimida. Ele se perguntava se isso interferia no meu trabalho. Ele estava sendo muito firme e definitivo ao dizer isso. Ele declarou isso mais do que me questionou então eu respondi: "Ele não já pensou que talvez Greta Garbo e Charlie Chaplin talvez e talvez Ingrid Bergman eles tinham ficado deprimidos quando eles trabalhavam às vezes mas eu disse é como dizer que um jogador como DiMaggio se ele conseguiria lançar a bola quando ele estava deprimido. Bem bobo.

By the way, I have some good news, sort of, since I guess I helped, he claims I did. Joe said I saved his life by sending him to a psycho-therapist; Dr. Kris says he is a very brilliant man, the doctor. Joe said he pulled himself up by his own bootstraps after the divorce but he told me also that if he had been me he would have divorced him too. Christmas night he sent a forest-full of poinsettias. I asked who they were from since it was such a surprise,(my friend Pat Newcomb was there)-- they had just arrived then. She said: "I don't know the card just says "best, Joe". Then I replied: "Well, there's just one Joe". Because it was Christmas night I called him up and asked him why he had sent me the flowers. He said first of all because I thought you would call me to thank me and then he said, besides who in the hell else do you have in the world. He said I know I was married to you and was never bothered or saw any in-law. Anyway, he asked me to have a drink some time with him. I said I knew he didn't drink -- he said he now ocasionally takes a drink -- to which I replied then it would have to be a very, very dark place. He asked me what I was doing Christmas night. I said nothing, I'm here with a friend. Then he asked me to come over and I was glad he was coming though I must say I was bleary and depressed but somehow still glad he was coming over.

I think I had better stop because you have other things to do but thanks for listening for a while.

Marilyn M.

PS: Someone when I mentioned his name you used to frown with your moustache and look up at the ceiling. Guess who? He has been (secretly) a very tender friend. I know you won't believe this but you must trust me with my instincts. It was sort of a fling on the wing. I had never done that before but now I have - but he is very unselfish in bed.

From Yves I have heard nothing - but I don't mind since I have such a strong, tender, wonderful memory.

I am almost weeping.....

Por sinal, tenho boas notícias, mais ou menos, já que acho que ajudei, ele afirma que sim. Joe disse que eu salvei a vida dele o enviando a um psicoterapeuta; a Dra. Kris diz que ele é um homem muito brilhante, o médico. Joe disse que ele se ergueu sozinho com muito esforço após o divórcio mas ele também me falou que se ele fosse eu ele teria se divorciado também. Na noite de Natal ele enviou uma floresta inteira de poinséttias. Perguntei de quem eram já que foram uma surpresa e tanto (minha amiga Pat Newcomb estava lá) – elas tinham acabado de chegar. Ela disse: "Não sei o cartão só diz "seu, Joe". Depois eu respondi: "Bem, só existe um Joe". Por ser noite de Natal liguei para ele e perguntei por que ele tinha me enviado as flores. Ele disse primeiro de tudo porque achei que você me ligaria para me agradecer e depois ele disse, além do mais quem mais você tem no mundo. Ele disse sei que fui casado com você e nunca foi chato nem viu nenhum parente. Enfim, ele me chamou para sair para tomar um drinque com ele algum dia. Eu disse que sabia que ele não bebia – ele disse que agora ocasionalmente toma um drinque – ao que eu respondi então teria que ser um lugar muito, muito escuro. Ele me perguntou o que eu ia fazer na noite de Natal. Eu disse nada, estou aqui com uma amiga. Então ele me perguntou se ele poderia aparecer e fiquei feliz porque ele ia aparecer embora deva dizer que estava confusa e deprimida mas de alguma forma ainda feliz porque ele ia vir.

Acho melhor eu parar porque você tem outras coisas para fazer mas obrigada por ouvir por um tempo.

Marilyn M.

P.S. Alguém quando mencionei o nome dele você costumava franzir a testa e seu bigode e olhar para o teto. Adivinha quem? Ele tem sido (secretamente) um amigo muito carinhoso. Sei que não vai acreditar nisso mas você deve confiar nos meus instintos. Fui meio que na correnteza. Nunca tinha feito isso mas agora fiz – mas ele é muito generoso na cama.

De Yves não soube nada – mas não me importo já que tenho uma memória tão forte, carinhosa e maravilhosa.

Estou quase chorando.....

Nota: O homem evocado no *post scriptum* não é identificável.
Quanto a Yves, trata-se certamente de Yves Montand, com quem Marilyn havia tido uma ligação nos primeiros meses de 1960.

Marilyn Monroe conversando com Edith Sitwell, Londres, 1956
Marilyn dançando com Carl Sandburg, Los Angeles, 1961

RESPOSTAS ESCRITAS PARA UMA ENTREVISTA

1962

Se Marilyn Monroe frequentemente estabelece laços de grande confiança e cumplicidade com os fotógrafos, ela desconfia muito dos jornalistas e das armadilhas em que eles podem pô-la. Assim, ela prepara os encontros e com frequência exige ver antes as perguntas. É claramente o caso deste documento, um amontoado de notas sobre cerca de trinta questões (das quais faltam as primeiras), em poucas palavras, para traçar uma direção. Ali, ela evoca uma relação professor-aluna em seu casamento com Arthur Miller ou sua dificuldade em fazer parte de um grupo.

Na lista de suas grandes admirações, encontramos, sem muita surpresa, Eleanor Roosevelt, grande dama da América (que morreu pouco depois dela, em novembro de 1962), conhecida por seu feminismo, por seu antirracismo e que presidiu a comissão da ONU encarregada de redigir a Declaração Universal dos Direitos do Homem. Também não surpreende sua declaração de confiança nos irmãos Kennedy, por seu vigor e sua juventude. Há também Carl Sandburg, por sua poesia próxima do povo, e Greta Garbo, o outro mito. Visão aterradora sobre a bomba H, apoio aos perseguidos de toda espécie, elogio da psicanálise: realmente, a loira glamour não tem nada de reacionária. Por suas alusões à clínica Payne Whitney (onde ela foi internada durante cinco dias em fevereiro de 1961) e pelas referências a livros que George Barris testemunha que ela estava lendo poucos dias antes de sua morte, pode-se estimar que essas notas, redigidas para uma entrevista, datem de 1962.

6-

actions - this may be true
in any continuation of an formal educational
is never a basic cause for a
material problem it is the emotional
background which matters

7. There was no point of the relationship [illegible] the marriage and
at the beginning more to the marriage than that [illegible] great deal from it.
but there was much more [illegible] learned
a good marriage is a very delicate
balance of many forces.

10 [illegible] with any group of people is [illegible]
[illegible] for me to discriminate the different members of
a group. I never been very good at being
a member of any group - more than a group
of two that is.
Wayne Whitney gives me a pain

11. It was [illegible] [illegible] [illegible] and the doctor
[illegible] [illegible] artist
who recommended it realized it and tried
to rectify it. [illegible] the very [illegible] [illegible] I [illegible]
[illegible] was [illegible]
[illegible]

6 – although this may be true in my estimation of a formal education~~al~~ is never a basic cause for a material problem – it is the emotional background which matters

7 – (1) there was a pupil teacher relationship at the beginning of the marriage and ~~when~~ (2) I learned a great deal from it - a good marriage is a very delicate balance of many forces (3) but there was much more to the marriage than that.

10 – experiences with any group of people is disallowing
one has to discriminate the different members of a group. I never been very good at being a member of any group – more than a group of two that is.

11 – Payne Whitney gives me a pain. It was ~~often~~ obviously an error of judgment to place me in Payne Whit. and the
doctor who recommended ~~it~~ realized it and tried to rectify it. What ~~the~~ my condition warranted was the rest and care I got at Presbyterian Hospital

6 – embora isto possa ser verdade em minha avaliação de uma educação formal nunca é uma causa básica para um problema material – é a bagagem emocional que conta

7 – (1) havia um relacionamento aluno-professor no início do casamento e (2) aprendi muito com isso – um bom casamento é equilíbrio muito delicado de muitas forças (3) mas havia muito mais no casamento do que isso.

10 – experiências com qualquer grupo de pessoas são desaprovadoras
tem-se que discernir os diferentes membros de um grupo. Nunca fui boa em ser um membro de nenhum grupo – mais do que um grupo de dois quero dizer.

11 – Payne Whitney me dá uma dor
Foi ~~frequentemente~~ obviamente um erro de julgamento me colocar em Payne Whit. e o médico que fez a recomendação percebeu isso e tentou retificá-lo. O que ~~a~~ minha condição garantiu foi o descanso e cuidado que recebi no Hospital Presbiteriano

12 [illegible] and [illegible] human [illegible] development.
the [illegible]

13 I have a strong sense of self criticism but I believe I'm becoming more reasonable and more realistic in this regard.

(14)- Eleanor Roosevelt - her devotion to mankind
Carl Sandburg - His poems are songs of the people by the people and for people
Pres and Robert Kennedy - they symbolizes the youth of America - in its vigor its brilliance and its compassion
Greta Garbo - for her artistic creativity and her personal courage and integrity

(15) I am at ease with people I trust or admire or like the rest I'm not at ease with.

(16) - At the present time I'm reading Capt Newman M.D. and to Kill a mocking bird - in times of crises I do not turn to a book - I try to think and to use my understanding

17 - I love poetry and poets

(18) I constantly try to clarify and redefine my goals

12 – the love of my work ~~I love~~ and a few reliable human beings
the hope for my future growth & development.

13 – I have a strong sense of self of criticism but I believe I'm becoming more reasonable and tolerant realistic in this regard

14 – Eleanor Roosevelt – her devotion to mankind
Carl Sandburg – his poems are songs of the people by the people and for people
Pres. and Robert Kennedy – they symbolize the youth of America – in its vigor its brilliance and its compassion
Greta Garbo – for her artistic creativity and her personal courage and integrity

15 – I am at ease with people I trust or admire or like the rest I'm not at ease with

16 – At the present time I'm reading Capt. Newman M.D. and To Kill a Mockingbird – in times of crisis I do not turn to a book – I try to think and to use my understanding

17 – I love poetry and poets

18 – I constantly try to clarify and redefine my goals

Nota: *Capt. Newman, M. D.* é um romance de Leo Rosten, baseado na experiência de Ralph Greeson quando ele era oficial em Yuma (Arizona), durante a Segunda Guerra Mundial. Esse romance foi publicado em maio de 1961. Em *Marilyn, her life in her own words*, George Barris registra a conversa que teve com ela em 3 de agosto de 1962, na véspera de sua morte, em que ela diz, entre outras coisas, que estava lendo esses dois livros.

12 – o amor por meu trabalho ~~eu amo~~ e alguns poucos seres humanos confiáveis a esperança para o meu crescimento & desenvolvimento futuros.

13 – Tenho um forte senso de crítica de mim mas acredito que estou me tornando mais razoável e uma realista tolerante nesse aspecto

14 – Eleanor Roosevelt – sua devoção à humanidade
Carl Sandberg – seus poemas são canções das pessoas pelas pessoas e para as pessoas
Pres. e Robert Kennedy – eles simbolizam a juventude da América – em seu vigor seu brilhantismo e sua compaixão
Greta Garbo – por sua criatividade artística e sua coragem pessoal e integridade

15 – Fico à vontade com pessoas em que confio ou que admiro ou com o resto não fico à vontade

16 – No momento estou lendo Capt. Newman M.D. e O sol é para todos – em períodos de crise tento não me voltar para um livro – tento pensar e usar minha compreensão

17 – Amo a poesia e os poetas

18 – Tento constantemente clarear e redefinir meus objetivos

19 my sleep depends on my state of satisfaction and that varies with my life - my dreams are too intimate to be revealed in public.
the H Bomb. whats my nightmare is ~~the~~ yours?

20 ② But have always refrain from answering personal ~~[illegible]~~ & religious questions.
① - I have great feeling for all the persecuted ones in the world.

21 - I hope at some future time to be able to make a glowing report about The wonders that psychoanalysis can achieve. The time is not ripe.

22 only lack of sufficient training and experience ~~[illegible]~~

23 - I would not wish to slight all the actresses who would be left off such a list and therefore refrain from answering

24 - The lack of any consistant love and caring. a mistrust and fear of the world was the result. There were no benefits except what it could teach me about the basic needs of the young, ~~[illegible]~~ the sick and the weak.

25 I can't answer at this time

26 yes and I would underline it,

27 - I in spades!

19 – my sleep depends on my state of satisfaction and that varies with my life – my dreams are too intimate to be revealed in public.
My nightmare is the H Bomb. What's yours?

20 – (1) I have great feeling for all the persecuted ones in the world (2) But I ~~must~~ have always refrain from ~~discussing~~ answering personal religious questions.

21 – I hope at some future time to be able to make a glowing report about the wonders that psychoanalysis can achieve. The time is not ripe.

22 – Early lack of sufficient training and experience ~~as of yet until now~~

23 – I would not wish to slight all the actresses who would be left off such a list and therefore refrain from answering

24 – The lack of any consistent love and caring. A mistrust and fear of the world was the result. There were no benefits except what it could teach me about the basic needs of the young, the sick, and the weak.

25 – I can't answer at this time

26 – Yes and I would underline it

27 – in spades!

19 – meu sono depende do meu estado de satisfação e isso varia com minha vida – meus sonhos são muitos íntimos para serem revelados em público.
Meu pesadelo é a bomba de H. Qual o seu?

20 – (1) Tenho grande sentimento por todos os perseguidos no mundo (2) Mas devo sempre evitar responder perguntas religiosas pessoais.

21 – Espero no futuro ser capaz de fazer um relatório brilhante sobre as maravilhas que a psiquiatria pode realizar. O tempo ainda não chegou.

22 – Falta inicial de treinamento suficiente e experiência ~~por enquanto até agora~~

23 – Não gostaria de menosprezar todas as atrizes que seriam deixadas de fora de tal lista e portanto me darei o direito de não responder

24 – A falta de qualquer amor e cuidado consistente. Uma falta de confiança e medo do mundo foi o resultado. Não houve benefícios exceto o que isso pode me ensinar sobre as necessidades básicas da juventude, dos doentes e dos fracos.

25 – Não posso responder neste momento

26 – Sim e eu sublinharia

27 – extremamente!

ANEXOS

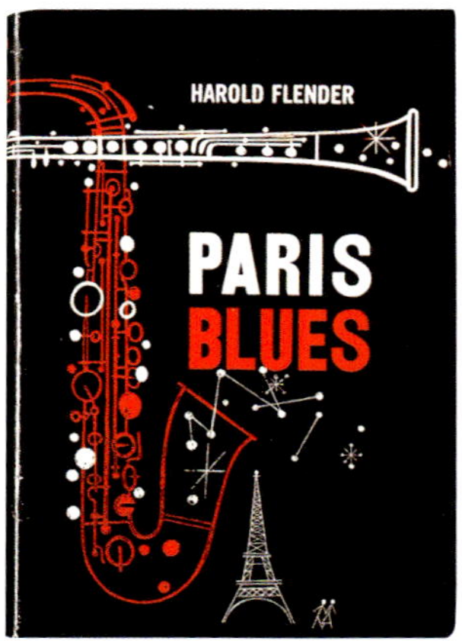

ALGUNS LIVROS DA BIBLIOTECA PESSOAL DE MARILYN MONROE

A biblioteca de Marilyn Monroe testemunha uma atenção para com o seu tempo. Além dos livros de Walt Whitman, Khalil Gibran e James Joyce, que podem ser vistos nas fotografias reproduzidas neste volume, aqui estão alguns exemplos de volumes que ela tinha, entre os encontramos tanto John Milton e quais Gustave Flaubert como John Steinberg, Ernest Hemingway, Samuel Beckett e Albert Camus, além de Jack Kerouac.

Os rendimentos da venda dos livros de Marilyn foram integralmente doados por Anna Strasberg à instituição beneficente Literary Partners. Aos seus olhos, foi uma escolha lógica, em virtude do amor de Marilyn pelos livros e pela leitura, e da vida de Lee Strasberg, toda ela dedicada à educação.

Winesburg, Ohio
SHERWOOD ANDERSON
THE MODERN LIBRARY

Sister Carrie
Theodore Dreiser
A MODERN LIBRARY BOOK

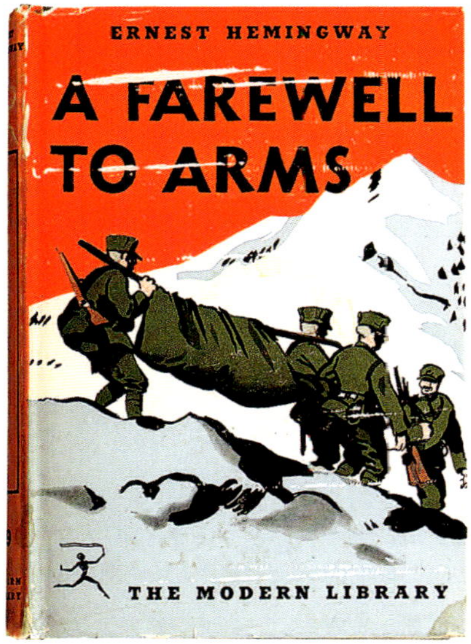
ERNEST HEMINGWAY
A FAREWELL TO ARMS
THE MODERN LIBRARY

JOHN STEINBECK
Author of OF MICE AND MEN
TORTILLA FLAT
MODERN LIBRARY

THE SUN ALSO RISES
ERNEST HEMINGWAY
A MODERN LIBRARY BOOK

a novel
by Jack Kerouac
ON THE ROAD

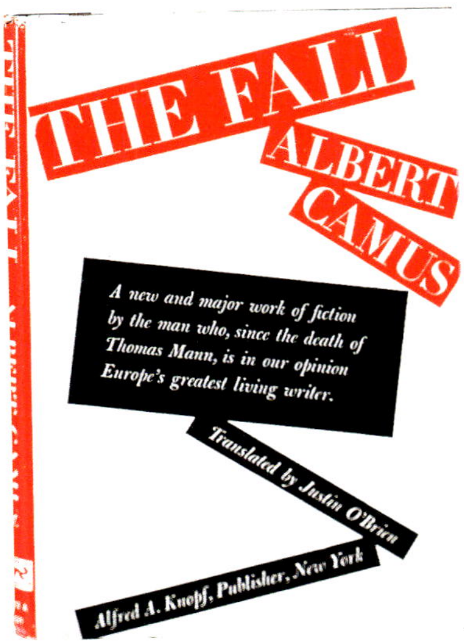
THE FALL
ALBERT CAMUS
A new and major work of fiction by the man who, since the death of Thomas Mann, is in our opinion Europe's greatest living writer.
Translated by Justin O'Brien
Alfred A. Knopf, Publisher, New York

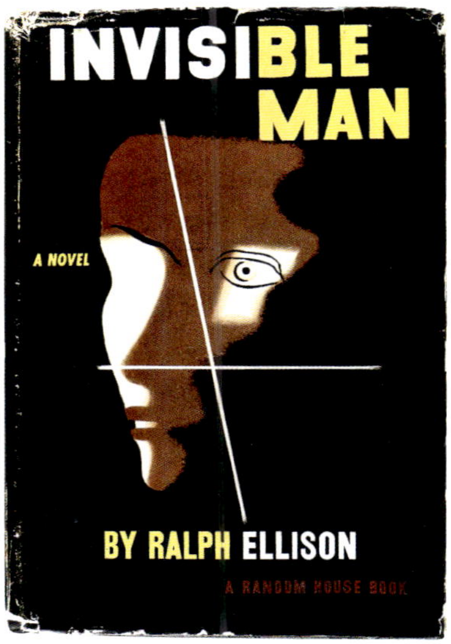
INVISIBLE MAN
A NOVEL
BY RALPH ELLISON
A RANDOM HOUSE BOOK

STEINBECK
ONCE THERE WAS A WAR

A FOTO PREFERIDA

Em seus bens pessoais, Marilyn Monroe possuía várias dezenas de cópias dessa fotografia tirada por Cecil Beaton em 22 de fevereiro de 1956, em Nova York. Era, segundo ela própria confessava, sua preferida e ela a utilizava para responder aos pedidos de autógrafo e à correspondência de seus admiradores. Ela havia recebido de Joshua Logan (diretor de *Nunca fui santa*) e de sua mulher, Nedda, um quadro em tríptico no qual a fotografia estava colocada no centro, flanqueada de duas páginas de um texto manuscrito de Cecil Beaton, que testemunhava sua lembrança dessa sessão de fotos e suas impressões sobre Marilyn, com a seguinte conclusão: "Talvez ela tenha nascido no dia depois da guerra, quando tínhamos necessidade dela. Sem dúvida, ela não tem conhecimento do passado. Como a Ondina de Giraudoux, ela tem apenas quinze anos; e jamais morrerá".

O que marcou claramente Cecil Beaton foi a capacidade de Marilyn de se transformar incessantemente, de jamais se fixar em uma pose, de oferecer ao fotógrafo uma infinita variação dela mesma, em uma aparente ausência de inibição que coabitava com uma grande incerteza - mesmo que sua beleza irradiante, aos olhos do artista inglês, lhe permitisse uma real indiferença em relação a suas vestes ou outros apetrechos.

Ele via nela uma figura com múltiplos paradoxos, ao mesmo tempo Sirena tornada realidade e funâmbula, mulher fatal e criança ingênua, última encarnação de um retrato de Greuze ou de um semblante do século XVIII em um mundo muito contemporâneo de meias-calças em náilon, de refrigerantes, de *jukebox* e de drive-in.

Quanto à fotografia ao lado, com a flor, trata-se de uma improvisação: Marilyn primeiro pegou um cravo em um buquê para pô-lo na boca, como um cigarro, e depois deitar em um sofá e colocar a flor sobre o peito, em um gesto ao mesmo tempo de proteção e de oferenda.

Em seu longo texto de duas páginas, Cecil Beaton resumia assim a trajetória fulgurante da estrela: "Ela jorrou da obscuridade para tornar-se a *sex symbol* do pós-guerra, a *pin-up* de nosso tempo. E, mesmo que a imprensa, a fábrica do mito, tenha contribuído para pôr a máquina em funcionamento, foi seu próprio talento - tão singular - que lhe permitiu alçar seu voo. Transfigurada pela maravilha cintilante do cinema Technicolor, ela anda como um dragão ondulante - queimando tudo em seu caminho, salvo as sarças de alecrim. Sua voz tem a doçura da seda ou do veludo".

Hotel Ambassador, Nova York, 1956

ELOGIO FÚNEBRE

por

Lee Strasberg

Marilyn Monroe era uma lenda.
Enquanto viveu, criou um mito sobre o que uma garota vinda de um meio desfavorecido podia conseguir. Para o mundo inteiro, ela se tornou um símbolo do eterno feminino. Mas eu não tenho palavras para descrever o mito e a lenda. Não conheci essa Marilyn Monroe.
Todos que estamos reunidos aqui e agora conhecíamos apenas Marilyn, ser humano caloroso, impulsivo, tímido e solitário, sensível e temeroso de ser rejeitado. E, no entanto, sempre com fome de vida e de satisfação. Eu não vou violar a intimidade das lembranças de vocês (intimidade que ela procurava e protegia) tentando descrever aquela que vocês conheceram. Nas lembranças que vocês têm dela, ela está viva, não é uma simples forma em uma tela ou uma celebridade cintilante.
Para nós, Marilyn era uma amiga devotada e fiel, uma colega em constante busca de perfeição. Nós compartilhamos seu sofrimento, seus problemas e, por vezes, sua alegria. Ela era um membro de nossa família. É difícil acreditar que sua vontade de viver tenha sido destruída por esse trágico incidente.
Apesar das glórias e do brilho que havia alcançado, ela preparava o futuro; adorava contar a todos os projetos apaixonantes em que trabalhava.
Aos seus olhos e aos meus, sua carreira estava apenas começando. Seu sonho de talento, que ela nutria desde a infância, não era uma miragem. Na primeira vez que ela me procurou, fiquei estupefato por sua admirável sensibilidade, que, tendo permanecido fresca e intacta, se esforçava por se expressar a despeito do regime ao qual ela havia sido submetida.
Outras tinham sua beleza plástica, mas era evidente que ela tinha algo a mais, algo que as pessoas viam e reparavam em seu modo, com o que se identificavam. Ela tinha uma qualidade luminosa, combinação de melancolia, brilho, desejo que a situava em uma categoria à parte e, entretanto, dava a todos a vontade de dela fazer parte, de partilhar essa ingenuidade infantil, ao mesmo tempo tão tímida e tão vibrante.
Essa qualidade era ainda mais visível quando ela estava em cena. Eu lamento sinceramente que vocês e o público que a amava jamais tenham tido, como nós, a ocasião de vê-la nos diversos papéis que anunciavam o que ela poderia se tornar. Disso não há a menor dúvida, ela teria se tornado uma das maiores atrizes de teatro.
Agora, tudo isso terminou. Eu espero que sua morte traga um pouco de compreensão e de compaixão por uma artista sensível e uma mulher que deu ao mundo alegria e prazer.
Eu não posso dizer adeus. Marilyn não gostava dos adeuses, mas, do mesmo modo como ela mudava as coisas a fim de que encarassem a realidade, eu diria: até logo.
Pois esse lugar para onde ela partiu todos nós o visitaremos um dia.

9 de agosto de 1962

BIOGRAFIA

1º de junho de 1926
Nascimento de Norma Jeane Mortenson em Los Angeles, como terceiro filho de Gladys Pearl Baker, nome de solteira Monroe, e de pai ausente. O bebê é imediatamente posto sob a guarda da família Bolender e, depois, em diversas outras casas. Ela viverá apenas alguns meses junto à sua mãe e, por vezes, é uma amiga desta, Grace Goddard, que tomará conta dela.

19 de junho de 1942
Com dezessete anos, Norma Jeane casa-se com Jim Daugherty, cinco anos mais velho. Ela se divorciará em 1946.

1945
Primeiro encontro e primeira sessão de fotos com André de Dienes.

Agosto de 1946
Primeiro contrato com a 20th Century Fox. Ben Lyon a convence a mudar de nome: Marilyn, como a atriz Marilyn Miller, e Monroe, o nome de sua mãe.

Junho de 1950
Estreia de *O segredo das joias*, de John Huston. Excelentes críticas sobre Marilyn Monroe, a revelação do filme.

13 de março de 1952
Revelação do "caso do calendário", para o qual ela havia posado nua. A carreira de Marilyn parece estar em jogo. Mas sua confissão, "eu tinha fome", lhe garante o apoio do público.

1953
O filme *Torrentes de paixão*, de Hathaway, em que ela interpreta um papel dramático, faz grande sucesso. No mesmo ano, sai *Os homens preferem as loiras*, de Howard Hawks, que também é um enorme sucesso.

Outubro de 1953
Marilyn encontra o fotógrafo Milton H. Greene durante uma festa em homenagem a Gene Kelly.

4 de novembro de 1953
Estreia de *Como agarrar um milionário*, uma comédia de sucesso retumbante.

14 de janeiro de 1954
Marilyn se casa com Joe DiMaggio, ex-campeão de beisebol, verdadeira lenda do esporte.

Fevereiro de 1954
Série de concertos para os soldados americanos que lutam na Guerra da Coreia, durante uma viagem ao Japão. Marilyn considera esse episódio um dos mais importantes de sua vida.

10 de agosto de 1954
Início das gravações de *O pecado mora ao lado*, em Nova York. A famosa cena do respiradouro do metrô que levanta seu vestido será rodada no dia 15 de setembro, diante de uma multidão atônita, para grande descontentamento de DiMaggio.

5 de outubro de 1954
Separação oficial de Joe DiMaggio.

Novembro de 1954
Marilyn impõe a programação de Ella Fitzgerald ao Mocambo, onde geralmente os músicos negros são recusados. Ela se compromete a vir todas as noites, ocupando uma mesa na primeira fileira, e cumpre a promessa.

Natal de 1954
Marilyn Monroe decide deixar Hollywood, onde, no entanto, ela acabava de ser homenageada em um magnífico jantar, e se mudar para Nova York. Com uma peruca preta e óculos escuros, ela viaja sob o falso nome de Zelda Zonk.

31 de dezembro de 1954
Criação, com Milton H. Greene, da Marilyn Monroe Productions, Inc.

15 de janeiro de 1955
Durante um encontro com a imprensa sobre o novo estúdio de produção, Marilyn afirma querer, doravante, escolher seus papéis e, entre eles, evoca a personagem de Grouchenka de *Os irmãos Karamazov*, de Dostoievski. A imprensa reagirá com uma surpreendente ironia.

8 de abril de 1955
Em transmissão simultânea com a empresa dos Greene, em Connecticut, Marilyn participa do programa de Edward R. Murrow, *Person to Person*, acompanhada por mais de cinquenta milhões de espectadores.

Primavera de 1955

Marilyn vive agora em Nova York. Ela faz os cursos do Actors Studio e os cursos privados dados por Lee Strasberg.
Frequenta até cinco vezes por semana sua psicanalista, Margaret Hohenberg.

De 25 de fevereiro a 2 de junho de 1956

Marilyn volta a viver em Hollywood para as gravações de *Nunca fui santa*, realizado por Joshua Logan, em condições claramente mais vantajosas para ela, negociadas com a Fox após o enorme sucesso de *O pecado mora ao lado*.

29 de junho de 1956

Cerimônia de casamento civil com Arthur Miller; o casamento religioso ocorre em 1º de julho e, em vista disso, Marilyn se converte ao judaísmo.

De 14 de julho a 20 de novembro de 1956

Temporada em Londres, com Arthur Miller, para as gravações do filme *O príncipe encantado*, de e com Laurence Olivier.
O casal Miller reside na propriedade de Parkside House, em Surrey.

Primavera de 1957

Marilyn Monroe exclui Milton H. Greene de sua empresa de produção.
Em maio, ela vai a Washington para apoiar Arthur Miller em um processo promovido pela Comissão de Atividades Antiamericanas do Senado.

De 4 de agosto a 6 de novembro de 1958

Gravações de *Quanto mais quente melhor*. As relações são difíceis com Billy Wilder e com os atores Jack Lemmon (preferido pela produção em detrimento de seu amigo Frank Sinatra) e Tony Curtis. Marilyn lamenta que o filme seja rodado em preto e branco.

1960

Gravações de *Adorável pecadora*, de George Cukor, com Yves Montand (escolhido depois das desistências sucessivas de Gregory Peck, Cary Grant, Charlton Heston e Rock Hudson). Os dois atores terão um caso.

8 de março de 1960

Golden Globe Award de melhor atriz por seu papel em *Quanto mais quente melhor*.

De 18 de julho a 4 de novembro de 1960

Gravações de *Os desajustados*, em Nevada.

11 de novembro de 1960

Comunicado à imprensa anunciando a separação entre Marilyn e Arthur Miller.

De 7 a 10 de fevereiro de 1961

Contra sua vontade e na sequência de um "mal-entendido", Marilyn é internada na clínica psiquiátrica Payne Whitney do Hospital de Nova York, sob indicação da dra. Kris. Chamados em seu socorro, Lee e Paula Strasberg não podem legalmente intervir, pois não têm com ela laços familiares. Apenas DiMaggio conseguirá tirá-la de lá.
Ela passa, então, três semanas em repouso no Columbia Presbyterian Medical Center.

19 de novembro de 1961

Marilyn conhece John Kennedy na residência de Peter Lawford, cunhado do presidente, em Santa Mônica.

Fevereiro de 1962

Marilyn compra uma casa em Brentwood, quarteirão nobre de Los Angeles.

23 de abril de 1962

Início das gravações de *Something's got to give*, de George Cukor, produzido por Henry Weinstein.
A produção é interrompida em 8 de junho, depois de vários atrasos e ausências de Marilyn por diversos motivos. O filme ficará inacabado.

19 de maio de 1962

Festa de gala de aniversário para o presidente John Kennedy no Madison Square Garden, em Nova York. Marilyn faz uma aparição memorável.

23 de junho de 1962

Início de uma longa sessão de fotos com Bert Stern, "The last sitting", para a *Vogue*.

3 de agosto de 1962

Foto de Marilyn na capa da *Life*.

5 de agosto de 1962

Marilyn Monroe morre durante a noite, em sua casa de Brentwood.

Karen Blixen (1885-1962)

Em 5 de fevereiro de 1959, um almoço foi organizado por Carson McCullers, em sua propriedade de Nyack, com Karen Blixen, que, estando em uma turnê de leituras nos Estados Unidos, queria conhecer Marilyn. Eis o que ela confidenciou à escritora americana Fleur Cowles Meyer, em 21 de fevereiro de 1961: “Eu acredito que, inexoravelmente, Marilyn exerce um efeito inacreditável sobre todas as pessoas que a encontram pela primeira vez. Não porque ela é bela – embora ela tenha, evidentemente, uma beleza quase irreal –, mas, sobretudo, porque ela irradia, ao mesmo tempo, uma vitalidade sem freios e uma inacreditável inocência. Experimentei o mesmo sentimento diante de uma jovem leoa que meus empregados africanos tinham me trazido. Eu não tentei conservá-la junto a mim, pois senti que, de algum modo, não seria uma boa coisa. Não esquecerei jamais o sentimento quase esmagador de força invencível e, ao mesmo tempo, de doçura que emanava dela. Era toda a natureza selvagem da África que me olhava gentilmente, com um ar terrivelmente malicioso”.

Truman Capote (1924-1984)

O autor de *A sangue frio* conheceu Marilyn nas gravações de *O segredo das joias*, de John Huston, em 1950. Eles se tornaram verdadeiros amigos, e Capote lhe consagrou um magnífico texto em *Música para camaleões*, intitulado “Uma criança radiante”.

Carson McCullers (1917-1967)

Conheceu Marilyn Monroe com Arthur Miller em 1954, em Nova York, e as duas tiveram, a seguir, contatos regulares. Ela evocou as lembranças desses encontros em sua autobiografia inacabada *Illumination and night glare*.

Norman Mailer (1923-2007)

Viveu no mesmo prédio com fachada de pedra marrom de Miller, no Brooklyn, e possuía uma casa não muito longe da do casal em Roxbury, mas, apesar de seus insistentes pedidos, ele nunca se encontrou com Marilyn. Mais tarde, consagrou a ela dois livros, em 1973 (*Marilyn, uma biografia*) e em 1980 (*Memórias imaginárias de Marilyn*).

Somerset Maugham (1874-1965)

Escreveu a Marilyn dizendo que estava muito contente com a ideia de vê-la interpretar o papel de Sadie Thompson em uma adaptação de seu conto “Chuva” que deveria ser filmada por Lee Strasberg para a rede NBC – mas o projeto foi cancelado.

Arthur Miller (1915-2005)

Marilyn havia conhecido seu futuro marido em Hollywood, em 1951, com Elia Kazan, e é possível vê-la em uma foto de Ben Ross lendo um livro de Arthur Miller nesse ano. Quando de sua chegada a Nova York, Marilyn encontrou nele a figura ideal para reorientar sua vida para um universo mais intelectual e erudito. Ela mostrou-se corajosa ao seu lado no momento da audiência diante da Comissão de Atividades Antiamericanas do Senado, apesar da opinião contrária dos estúdios e de seus próximos. Por intermédio de Arthur Miller, ela também conheceu Saul Bellow.

Pier Paolo Pasolini (1922-1975)

Em *La rabbia*, de 1963, o poeta e cineasta italiano dedicou um poema a Marilyn – que ele nunca havia encontrado. Pasolini percebeu bem que sua época devorou Marilyn e sua inocência: "[...] entre você e sua beleza possuída pelo Poder, encontra-se toda a estupidez e crueldade do presente. Você a encarava sempre como um sorriso entre lágrimas, impudica por passividade, indecente por obediência. [...] A sua beleza, sobrevivente do mundo antigo, reclamada pelo mundo futuro, possuída pelo mundo presente, tornou-se assim um mal".

Norman Rosten (1913-1995)

Romancista e poeta, foi um dos raros leitores dos poemas e fragmentos escritos por Marilyn. Seus comentários foram muito encorajadores.

Carl Sandburg (1878-1967)

O poeta americano conheceu Marilyn Monroe nas gravações de *Quanto mais quente melhor*, em 1959. Ela nutria por ele uma grande admiração desde que lera sua biografia de Abraham Lincoln, a conselho de Arthur Miller. A amizade entre eles foi, sobretudo, telefônica, e existem muitas fotos de seus alegres encontros na casa de Irena e Henry Weinstein, em janeiro de 1962. "Ela era diferente das estrelas habituais. Tinha algo de democrático. Era do tipo que lavava a louça com você, sem que você tivesse pedido."

Edith Sitwell (1887-1964)

O primeiro encontro ocorreu no fim de 1954, em Hollywood, em um chá, e a poetisa excêntrica achou que Marilyn, com seus cabelos loiros e seu vestido verde, se parecia com um narciso. A convivência foi cordial e a conversa girou em torno de poesia, principalmente de *The course of life*, de Rudolph Steiner. Um outro encontro ocorreu em 1956, em Londres: "Ela era muito calma e tinha uma espécie de imensa dignidade natural (eu não posso imaginar nenhum de seus conhecidos tomando liberdades com ela) e era extremamente inteligente. Tinha também uma sensibilidade doentia... Quando repousava, seu rosto era, em alguns momentos, estranhamente trágico e profético, como o rosto de um belo fantasma – um pequeno fantasma da primavera, um inocente demônio da fertilidade, o espírito da natureza chamado Ofélia".

Dylan Thomas (1914-1953)

Em fevereiro de 1950, o poeta estava em turnê de leituras nos Estados Unidos e declarou o desejo de encontrar Charlie Chaplin; antes de ir a um jantar na casa deste, ele passou momentos muito alegres com Shelley Winters e Marilyn, tomando muitos martinis, e chegou completamente bêbado à casa do grande comediante, que o mandou embora.

CRÉDITOS DAS FOTOGRAFIAS

© André de Dienes (capa e 230)
© André de Dienes (6)
© Christie's Images/ The Bridgeman Art Library/ Manfreid Kreiner D. R. (10)
© André de Dienes (19)
© Photo by Silver Screen Collection/Hulton Archive/Getty Images (20)
© Christie's Images/ The Bridgeman Art Library/ © Jock Caroll (34)
© Archive photo (35)
© André de Dienes (52)
© Eve Arnold/Magnum Photos (53)
© mptvimages.com (70)
© Joshua Logan / D. R. (71)
© Photo by Michael Ochs Archives/Getty Images (88)
© Photo by Alfred Eisenstaedt/Pix Inc./Time & Life Pictures/Getty Images (89)
© Rue des Archives/SPPS (105)
© Bettmann/Corbis (111)
© André de Dienes (126)
© Elliott Erwitt/Magnum Photos (127)
© Roger Viollet/Ullstein Bild (128)
© Bob Haswell/Getty Images (128)
© Dave Cicero (146)
© Photograph by Ben Ross © 2010 Mimi Ross (147)
© André de Dienes (156)
© George Barris (157)
© Bettmann/Corbis (170)
© Bettmann/Corbis (171)
© Photo by Michael Ochs Archives/Getty Images (198)
© D. R. (208)
© D. R. (224-225)
© Photo by George Silk/Life Magazine/Time & Life Pictures/Getty Images (246)
© Arnold Newman/Getty images (247)
© Private Collection/ Photo © Christie's Images/The Bridgeman Art Library (258)
© Shaan Kokin/Julien's Auctions (258, en bas, au centre)
© Private Collection/ Photo © Christie's Images/The Bridgeman Art Library (259)
© Cecil Beaton/Camera Press/Rapho-Gamma (261)
© Peter Basch (262)

SUMÁRIO

Agradecimentos

Sarah Churchwell
Ségolène Dargnies
Marion Duvert
Abby Haywood
Courtney Hodell
Karen Hope
Benoît Kerjean
Marie-Hélène Le Maire
Annie Ohayon
Virginie Perrollaz
Camille Plutarque
Flore Roumens
Carine Ruault
Ivana Ruzak
Cécile Vandenbroucque
e um agradecimento especial a Maja Hoffmann, que nos convidou ao jantar da FIAC, e a Lou Reed

Imagens: Khadiga Aglan
Fotos dos documentos e pré-projeto gráfico: Sépànd Danesh
Projeto gráfico: Valérie Gautier
Capa: Susan Mitchell
Revisão: Otacílio Nunes, Valquíria Della Pozza e Bia Nunes de Sousa
Indicação editorial: Denis Pierre Araki

Dados Internacionais de Catalogação na Publicação (CIP)
(Câmara Brasileira do Livro, SP, Brasil)

Marilyn Monroe : fragmentos : poemas, anotações íntimas, cartas / organizado por Stanley Buchthal e Bernard Comment ; tradução de Renato Rezende, Aline Tenório Cordeiro e Marcelo Rede ; prefácio de Antonio Tabucchi. -- São Paulo : Tordesilhas, 2011.

Título original: Marilyn Monroe : fragments : poems, intimate notes, letters.

ISBN 978-85-64406-29-2

1. Atores e atrizes de cinema - Estados Unidos - Correspondência 2. Atores e atrizes de cinema - Estados Unidos - Diários 3. Monroe, Marilyn, 1926-1962 - Correspondência 4. Monroe, Marilyn, 1926-1962 - Diários I. Buchthal, Stanley. II. Comment, Bernard. III. Tabucchi, Antonio.

11-10976 CDD-791.43028092

Índices para catálogo sistemático:
1. Atrizes cinematográficas : Poemas, anotações íntimas e cartas 791.43028092

2011
Tordesilhas é um selo da Alaúde Editorial Ltda.
Rua Hildebrando Thomaz de Carvalho, 60
Vila Mariana
04012-120 – São Paulo – SP
www.tordesilhaslivros.com.br

Este livro, composto com tipografia Nimbus Sans e diagramado pela Alaúde Editorial Limitada, foi impresso em papel cuchê fosco cento e cinquenta gramas pela Ipsis Gráfica e Editora Sociedade Anônima no décimo primeiro ano da publicação de *Blonde*, de Joyce Carol Oates. São Paulo, outubro de dois mil e onze.